成渝地区双城经济圈
协同发展指数报告
（2022）

钱宗鑫　等／编著

西南财经大学出版社
中国·成都

图书在版编目（CIP）数据

成渝地区双城经济圈协同发展指数报告.2022/钱宗鑫等
编著.--成都:西南财经大学出版社,2024.10.
ISBN 978-7-5504-6385-1

Ⅰ.F127.71

中国国家版本馆 CIP 数据核字第 2024D03A70 号

成渝地区双城经济圈协同发展指数报告(2022)

CHENGYU DIQU SHUANGCHENG JINGJIQUAN XIETONG FAZHAN ZHISHU BAOGAO(2022)

钱宗鑫 等 编著

策划编辑:孙　婧
责任编辑:王　利
责任校对:植　苗
封面设计:墨创文化
责任印制:朱曼丽

出版发行	西南财经大学出版社(四川省成都市光华村街55号)
网　　址	http://cbs.swufe.edu.cn
电子邮件	bookcj@swufe.edu.cn
邮政编码	610074
电　　话	028-87353785
照　　排	四川胜翔数码印务设计有限公司
印　　刷	四川五洲彩印有限责任公司
成品尺寸	170 mm×240 mm
印　　张	7.25
字　　数	95 千字
版　　次	2024 年 10 月第 1 版
印　　次	2024 年 10 月第 1 次印刷
书　　号	ISBN 978-7-5504-6385-1
定　　价	45.00 元

前言

　　成渝地区双城经济圈①位于"一带一路"和长江经济带交汇处，是西部陆海新通道的起点，具有连接我国西南、西北，沟通东亚、东南亚、南亚的独特优势。成渝地区生态禀赋优良，能源矿产丰富，城镇人口密布，风物多样，是我国西部人口最密集、产业基础最雄厚、创新能力最强、市场空间最广阔、开放程度最高的区域，在国家发展大局中具有独特而重要的战略地位。自古以来，成渝"一家亲"，同住长江头，共饮一江水，成渝历史同脉、文化同源、地理同域、经济同体。成渝地区是西部地区开发开放历史最悠久、产业优势最明显、科技实力最雄厚、资源优势最突出、基础设施最完善、经济总量最大、城市化水平最高、经济联系最密切的区域（李后强，2020）。

　　进入"十三五"规划时期以来，成渝地区发展态势持续向好，以成、渝双城为代表的中心城市持续提升着自身对区域内其他城市的辐射带动作用，中小城市依靠辐射带动作用与自身努力，发展速度不断加快，区域内基础设施逐渐完备，产业体系日渐完善，科技实力显著增强，内需空间不断拓展，对外交往交流功能进一步强化。到 2019 年，地区生产总值年均增速 8%，社会消费品零售总额年均增速超过 10%，常住人口城镇化率超过

---

　　①　成渝地区双城经济圈涵盖了四川省和重庆市的 42 个城区，并不单指成都市市区和重庆市市区。具体参见国家文件：中共中央、国务院印发《成渝地区双城经济圈建设规划纲要》等中央有关文件。因此，本书将混用"成渝"和"川渝"概念。成渝地区双城经济圈建设规划的具体内容可以参见：https://www.gov.cn/zhengce/2021-10/21/content_5643875.htm.

60%，铁路网密度达 0.035 千米/平方千米，机场群旅客吞吐量超过 1 亿人次，常住人口规模、地区经济总量占全国比重持续上升。

当下，世界正经历百年未有之大变局，世界政治、经济形势不断发生变化。成渝地区双城经济圈处于重要的地理位置，又面临良好的发展形势，随着共建"一带一路"、长江经济带发展、西部大开发等国家重大战略的深入实施，成渝地区在我国未来的发展中占据了重要的战略地位。加强顶层设计和统筹协调，加快推动成渝地区形成有实力、有特色的双城经济圈，符合我国经济高质量发展的客观要求，有助于在西部形成高质量发展的重要增长极，打造内陆开放战略高地和参与国际竞争的新基地，使西部形成优势区域重点发展、生态功能区重点保护的新格局。

党中央、国务院高度关注、高度重视成渝地区的发展。推动成渝地区双城经济圈建设，是优化区域经济布局的战略决策，有利于增强成渝地区经济和人口承载能力，在西部形成支撑和带动全国高质量发展的重要增长极和新的动力源；是拓展对外开放空间的重大部署，有利于助推形成陆海内外联动、东西双向互济的对外开放新格局，打造内陆开放战略高地；是形成强大战略后方的长远大计，有利于发挥成渝地区比较优势，经略西部广袤腹地、拓展战略回旋空间，加快构建完整的内需体系，形成以国内大循环为主体、国内国际双循环相互促进的新发展格局；是维护国家生态安全的必然要求，有利于促进优势区域重点发展、生态功能区重点保护，进一步筑牢长江和黄河上游生态屏障，保护西部生态环境，对于深入推进共建"一带一路"、长江经济带发展、新时代西部大开发形成新格局，具有重大而深远的意义。

针对成渝地区双城经济圈建设，为加强顶层设计和统筹协调，推动成渝地区双城经济圈的进一步发展，2020 年 1 月 3 日，习近平总书记在中央财经委员会第六次会议上，作出推动成渝地区双城经济圈建设、打造高质量发展重要增长极的重大决策部署，对成、渝两地发展寄予厚望，为未来一段时期成渝地区发展提供了根本遵循和重要指引。2021 年 10 月 20 日，中共中央、国务院印发了《成渝地区双城经济圈建设规划纲要》（以下简称《纲要》）。这是指导当前和今后一个时期成渝地区双城经济圈建设的纲领性文件，是制定相关规划和政策的依据，是新形势下促进区域协调发展，形成高质量发展布局的重大战略支撑，也是构建以国内大循环为主体、国内国际双循环相互促进的新发展格局的一项重大举措。《纲要》的提出将进一步增强成渝地区双城经济圈的人口和经济承载力，助推形成开放新格局，有利于吸收生态功能区人口向城市群集中，从而保护长江上游和西部地区生态环境。

《纲要》规划范围包括重庆市的中心城区及万州、涪陵、綦江、大足、黔江、长寿、江津、合川、永川、南川、璧山、铜梁、潼南、荣昌、梁平、丰都、垫江、忠县等 27 个区（县）以及开州、云阳的部分地区，四川省的成都、自贡、泸州、德阳、绵阳（平武县、北川县除外）、遂宁、内江、乐山、南充、眉山、宜宾、广安、达州（万源市除外）、雅安（天全县、宝兴县除外）、资阳 15 个市，总面积 18.5 万平方千米。

概括而言，《纲要》中成渝地区双城经济圈的建设目标主要包含了重要经济中心、科技创新中心、改革开放新高地和高品质生活宜居地四项。具有全国影响力的重要经济中心，即以建设国际性综合立体交通枢纽为主导，发展现代产业体系，参与全球资源配置，将成渝地区建设成为国际消费中心、西部金融中心、全国重要的先进制造业基地。具有全国影响力的科技创新中心，即通过发挥成渝地区双城经济圈内高校和科研院所的实力，以科技助推高质量发展。改革开放新高地，即构建南向、西向、东向的大通道，融入共建"一带一路"、长江经济带、西部陆海新通道等国家重大战略与开放通道，发挥地区区位优势，高质量打造南向开放、东西联通的格局，加大区域合作和对外开放力度。高品质生活宜居地，即通过得天独厚的长江上游与西部地区的生态环境，打造世界级休闲旅游胜地和高品质城市群。

《纲要》明确要求，成渝地区双城经济圈将以发挥优势、彰显特色、协同发展为导向，突出双城引领，强化双圈互动，促进两翼协同，统筹大、中、小城市和小城镇发展，促进形成疏密有致、集约高效的空间格局。

具体到重庆、成都两个极核城市的任务，《纲要》提出：

重庆以建成高质量发展高品质生活新范例为统领，在全面深化改革和扩大开放中先行先试，建设国际化、绿色化、智能化、人文化现代城市，打造国家重要先进制造业中心、西部金融中心、西部国际综合交通枢纽和国际门户枢纽，增强国家中心城市国际影响力和区域带动力。同时，重庆以长江、嘉陵江为主轴，沿三大平行槽谷组团式发展，高标准建设两江新区、西部（重庆）科学城等，重塑"两江四岸"国际化山水都市风貌。

成都以建成践行新发展理念的公园城市示范区为统领，厚植高品质宜居优势，提升国际国内高端要素运筹能力，构建支撑高质量发展的现代产业体系、创新体系、城市治理体系，打造区域经济中心、科技中心、世界文化名城和国际门户枢纽，提升国家中心城市国际竞争力和区域辐射力。《纲要》还明确要求，成都要高水平建设天府新区、西部（成都）科学城等，形成"一山连两翼"的城市发展新格局。

《纲要》提出，成渝地区双城经济圈要把握要素流动和产业分工规律，围绕重庆主城和成都培育现代化都市圈，这为成、渝两地发展带来了很多机遇。都市圈是以集聚和辐射带动功能强的中心城市为核心，以发达的联系通道为依托，由核心城市及外围社会与经济联系密切的地区所构成的城市功能地域。成渝地区双城经济圈建设，对于加强双圈互动，激活成渝地区的发展活力，具有重要意义。

成渝地区在西部地区经济规模最大、发展水平最高、增长潜力最足，是引领西部地区开发开放的核心引擎，是我国的战略大后方，是国家稳定发展的"压舱石"。从整体上看，近年成渝地区双城经济圈经济和环境发展水平迅速提高。但是当前，成渝地区双城经济圈建设仍处于松散型阶段，区域内人口、经济和环境相互耦合形成了复杂、开放的复合系统，其内部资源分布不均，难以满足区域各方面协调发展要求。成渝地区的高质量发展在内部存在着一些问题和挑战：一是区域一体化的协作机制仍比较脆弱，以邻为壑、各自为政，公平无差别化进入的市场和行政性壁垒以各种显性和隐性的方式存在，生产要素流动不畅。二是内部城市空间发展仍不均衡不充分，除了重庆和成都外，缺乏一批经济规模在5 000亿元级、城市人口在200万人级的大城市支撑，城镇体系呈现为一种中部塌陷的哑铃型结构。三是成、渝双城正处于集聚发展、向心发展的加速阶段，区域各个行政单元对资源及产业的布局在一定程度上出现了恶性竞争，背向发展问题较为突出。四是长期以来，部分人士对成、渝两地在名号、称谓上到底谁应排在前、谁应排在后展开了无休无止的"口水战"，伤害了双方发展的感情基础，给成渝一体化协作造成了一定的阻碍。这些差距、问题和挑战，是区域发展在一定阶段中必然会出现的"症状"，需要及时考察、评估发展状态，为成、渝双城发展制定相关发展战略提供参考（彭劲松，2020；李佳等，2022）。

重庆市、四川省各地市经济发展差异较大，分不同专题考察成渝地区整体发展，可以更加深入地了解各区域发展的水平及特点。成渝地区双城经济圈建设，强调加强顶层设计和统筹协调，牢固树立一体化发展理念，唱好"双城记",共建经济圈,注重产业错位发展和协调发展,合力打造区域协作的高水平样板。分专题评估发展状况,有利于评估重庆市与四川省宏观经济、协同创新、基础设施协同、贸易金融和城乡融合等各方面发展状况、各地市发展的均衡性,有利于及时发现制约城市发展的主要障碍是什么,从而集中精力去解决,而不被细枝末节的问题所干扰;有利于因地制宜制定区域发展战略,推动区域改革,优化区域经济布局,促进区域协调发展,加快构建新发展格局。

本书简化了有关地区发展各部门统计的庞大数据和海量信息,挑选与《纲要》建设目标相适应的几个专题,设定宏观经济、协同创新、基础设施协同、贸易金融和城乡融合 5 个一级指标,以及相应的二级指标、三级指标,主要评价以重庆和成都两中心城市为核心的成渝地区双城经济圈2018—2020 年度的发展情况①。对相关的具有代表性的统计数据计算标准化结果,直观反映成渝地区各方面发展状况。指标选取遵循《纲要》"双核引领,区域联动"的主要原则,注意考察成渝地区协同发展情况。具体数据选择综合考虑可获得性、客观性、权威性、可表征性和可度量性等因素,尽可能利用第一手资料,客观真实地反映发展状况。在指数编制中,本书采用归一化的方法对相应指标的原始数据进行无量纲化处理,将各指标按照所从属的指标层次采用等权重法赋值,有利于进行客观、直观和跨年度的对比分析。

经计算与对比分析,本书主要得出以下结论:

在宏观经济方面,本书着眼于人民生活和战略性新兴产业发展等领域,主要包括"收入水平""前沿经济""人力资本与人民生活"3 个二级指标。

① 本书书名中报告时间采用"2022",因为报告发布时间为 2022 年。受数据可得性的影响,指数报告的发布有 2 年的延迟。故此,本指数报告所采用数据均为向后回溯 2 年。

指数计算结果显示，2018—2020 年，成渝地区双城经济圈宏观经济发展稳中求进，收入水平提高与前沿经济发展是宏观经济指数增长的主要动力。经济总量增长较快，经济实力持续壮大，质量效益稳步提升，重庆与成都数字经济综合实力跻身国内第一方阵，高技术制造业比率与电子商务发展速度均高于全国平均，庞大的人口基础和数字经济市场，为数字引领科技发展带来了庞大的发展空间。成渝地区高等教育水平不断提高，主要健康指标高于全国平均水平。但是，在成渝地区，重庆和成都两个西部特大中心城市遥遥领先，其他城市与重庆和成都差距较大。重庆市与四川省的人力资本与人民生活指标均基本保持不变，人力资本与人民生活水平有待进一步提高，且人口老龄化问题较为突出。优化提升中心城市和成渝地区双城经济圈功能，有利于促进资源要素的空间集聚和优化配置，壮大经济发展的动力源，为国家经济平稳运行与持续增长提供强有力的支撑。

在协同创新方面，本书结合成渝地区协同创新的现实需求，选取"创新投入""创新产出""创新网络" 3 个二级指标。指数计算结果显示，2018—2020 年，成渝地区双城经济圈区域协同创新指数增长迅速，协同创新水平显著提高，其中，创新网络联系增强是协同创新指数增长的主要动力。2018—2020 年，成渝地区研发经费规模不断扩大，成都研发投入规模超过重庆，研发经费投入强度不断提升，绵阳研发投入强度位居全国第一，知识和技术创新成果不断涌现，知识创新高速增长。但是，成渝地区知识和技术创新主要集中在成都和重庆这两个中心城市，且从变化趋势上呈现出进一步集聚的态势，其他部分城市专利产出减少，还有进一步发展空间。科研合作网络形成以成都、重庆为主轴，以成都、绵阳为次轴的空间结构，整体上成都地区科研合作网络空间结构较为稳定。但是，重庆与除成都以外城市的科研合作较少，整体上成、渝两地极化程度较高，各地市发展不够均衡，专利合作网络密度相对较低，成、渝之间须加强专利合作。双核引领带动创新，有利于强化区域引领带动和支撑保障作用，推动成渝地区科技创新发展，将成渝地区双城经济圈建设成为具有全国影响力的科技创新中心。

在基础设施协同方面，本书选取"基础设施投资""交通一体化""资源环境""新基建（新型基础设施建设）"4个二级指标。指数计算结果显示，2018—2020年，成渝地区双城经济圈基础设施协同取得初步成效，呈总体向好态势，其中，基础设施投资与新基建发力是基础设施协同指数增长的主要动力。成渝地区加强基础设施补短板，加大对基础设施的投入，启动一大批基础设施项目，并在新基建领域陆续发力，其中成都和重庆在此方面的建设布局较早，发展基础较好，起着重要的引领和带动作用，其他城市布局相对较晚、体量较小。基础设施特别是交通基础设施不断强化，基本形成了铁路、公路、内河、民航、管道运输等相互衔接、高效便捷的综合交通运输体系，且智能化水平不断提升。成渝地区要担负起西南综合交通极的使命，重庆市的路网密度无论是高速公路网密度还是铁路网密度都明显高于四川省平均水平，四川省在交通方面还有待进一步发展。成渝地区在资源环境方面，无论区域绿化水平、水资源拥有量还是空气质量，均略高于全国平均水平。加强基础设施建设，提高区域内交通基础设施通达性，畅通"卡脖子"和"肠梗阻"路段，增加路网密度，增开高铁班列，降低通行成本，全面提升区域内人员、物资、资本、技术、信息、思想等交往交流的畅通性、便利性和廉价性，为建立跨行政区的经济区或经济圈打下基础（秦鹏 等，2021）。

在贸易金融方面，本书选取"国际贸易""金融市场融合""产业融合"3个二级指标。指数计算结果显示，2018—2020年，成渝地区双城经济圈贸易金融指数平稳增长，成渝协同水平显著提高，其中，基础设施投资与新基建发力是基础设施协同指数增长的主要动力。成渝地区双城经济圈位于长江上游，虽然地处西部内陆地区，但成渝地区充分利用其自然禀赋、经济规模等优势，抢抓国家对外开放机遇，不断提高对外开放水平，推进金融和产业发展。过去几年，成渝地区双城经济圈从加快互联互通和推动生产要素高效便捷流动两方面发力，金融市场融合度不断提高。成渝地区银行之间合作初步展开，共同基金相互投资金额增加，重庆市的基金公司投资于四川省内上市公司的金额急剧上升；上下游产业的企业数量不断增加，股价同步性增强。深化对内对外开放，推动金融与产业融合发展，有利于改善内陆开放环境，打造内陆开放战略高地，促进内外联动，推动形成以国内大循环为主体、国内国际双循环相互促进的新发展格局。

在城乡融合方面，本书选取"城乡经济融合""城乡生态融合""城乡治理融合""城乡生活融合""城乡要素融合"5个二级指标。指数计算结果显示，2018—2020年，成渝地区双城经济圈城乡融合指数稳健增长，城乡融合发展水平持续提高，其中，城乡生态融合与城乡治理融合是城乡融合指数增长的主要动力。重庆市政府经济发展政策的推动，促进了经济资源在城乡之间的高效利用，城乡经济融合水平显著提高；四川省提高最快的是城乡生态融合水平与城乡治理融合水平。成、渝两地在城乡要素融合方面均存在进一步提高的空间，可能与四川省特殊的自然地理环境有关，且农业产值、人口比重相对较高，面临一定的资源约束。推动城乡融合发展，处理好城镇化建设、经济发展和生态保护的关系，有利于探索形成统筹城乡发展的制度体系，建立城乡功能互补、一体发展的运行机制，为全面消除城乡二元结构提供有益示范（范恒山，2021）。

基于成渝地区双城经济圈各方面发展状况，本书提出以下建议：

在宏观经济方面，推动成渝地区经贸往来和经济合作，以大带小，加快培育中小城市；加强成渝地区数字经济合作，合力打造数字产业新高地；加强人才培养工作，推动高等教育与经济发展互动合作。"以人为本"，科学控制人口规模并提升人口质量，提高消费能力，拉动区域内部经济发展。发挥成渝地区数字经济在数字产业化、产业数字化和数字化治理领域互补性强的已有优势，进一步扩大双方合作，辐射带动周边地市数字经济发展，继续大力发展数字经济，协同打造数字产业集聚区和数字产业新高地。建设区域教育中心，统筹发展职业教育，组建多领域教育联盟。统筹建设一批国家医学中心、国家区域医疗中心，打造国家级医用卫生产业基地。

在协同创新方面，加强双核之间的创新联系，延伸双核创新辐射的空间范围；加快提升重要节点城市的创新能级，构建双核带动、多级联动的创新合作网络；围绕科技合作网络布局高技术产业合作网络，加强创新链与产业链的链接。针对高端科技创新要素相对匮乏、科技创新支撑产业发展能力不足等制约，突破行政边界限制，推动形成成渝地区双城经济圈市场一体化机制，发挥两核引领作用，带动成渝地区双城经济圈经济整体发展，以此增加区域人均收入，吸引优秀人才。创新链与产业链结合方面仍存在一些痛点，例如部分企业看重投资回报率，难以接受投资回报不明确的巨额支出。政府不能盲目对新兴行业进行大量人力物力资源投入，应及时评估行业创新效率，厘清创新效率低的原因后进行相应政策引导，优化投入结构，减少不必要的创新资源浪费。市场是推动科技合作的重要动力。围绕科技合作网络，通过构建全球全方位、多领域、深层次的科技合作体系，吸引国际合作，共同推进科技创新与科技合作，加速科技成果向现实生产力转化，提升科技成果转化成效。完善支持科技创新的财政金融服务体系，构建覆盖科技创新全过程的财政资金支持引导机制，探索科研资金跨省使用和重大科研项目揭榜制，加大省级科技专项资金对两院院士重大科技成果转化的支持力度。

在基础设施协同方面，加大交通基建补短板力度，助力打造我国西南地区综合交通极；依托新能源产业链优势，进一步提升新基建水平；重视应急管理预案与处置，保障地区经济发展与居民生活。考虑统筹"渝新欧"和"蓉新欧"货运班列，成立统一运营的中欧班列合资公司，避免竞相压价、内部竞争（秦鹏 等，2021）。推动成渝北线、中线和南线综合运输通道建设，夯实成渝主轴发展基础，有利于强化重庆都市圈和成都都市圈互动。加快完善传统和新型交通形式，构建互联互通、管理协同、安全高效的交通网络。按照《纲要》部署，打造国际航空门户枢纽，共建轨道上的成渝地区双城经济圈，完善成渝地区双城经济圈公路体系，推动长江上游航运枢纽建设，提升客货运输服务水平。

在贸易金融方面，持续加强成渝地区金融市场互联互通深化合作；加强制度建设，切实改善营商环境；对标成功典范，根据自身情况扬长避短；共同加强金融体系建设，为共享区域金融资源提供基础；搭建金融资源共享平台，为区域金融资源自由流动、加强金融资源协同创新创造更好的条件；加强跨区域金融资源合作与监管，提高金融资源利用效率；以高端服务推动产业协同现代化，加快推进为高新技术制造业服务的高端服务业集群建设。协同提升中欧班列（成渝）运营效能，加强南向班列运营合作。共建成渝自由贸易试验区协同开放示范区，争取试行自由贸易港政策，扩大铁路、港口、机场口岸开放合作，共建"一带一路"进出口商品集散中心，协同推进技术、装备、服务等"走出去"，联合开展招商引资，提升外资外经外贸合作水平，打造内陆改革开放高地。在成渝地区双城经济圈建设中应适度超前布局，加快金融体系建设步伐。推动西部金融中心建设，优化金融空间布局，完善金融机构体系，加快组建四川银行，深化农村信用社改革。持续优化多层次资本市场服务，健全多层次资本市场体系，大力发展债券市场，扩大"险资入川"规模，有序扩大金融业对外开放。成、渝共建西部金融中心，有利于加速改变成、渝两地金融业的区域布局和发展能级，提升两地在全国金融发展大局中的地位，有利于发挥成渝地区双城经济圈的资源禀赋优势，打造全国性经济增长极，有利于提高区域金融市场国际化程度，带动内陆金融资源、经济资源深度参与国际经济大循环（严宝玉，2022；施小琳，2022）。

在城乡融合方面，以推进农业现代化和新型城镇化为抓手，强化城乡经济融合；以绿色发展和低碳发展为导向，推动城乡生态融合；以公共服务为重点，改善城乡治理融合；以加强需求能力和保障供应能力为核心，促进城乡生活融合；以合理引导和政策配套为工具，促进城乡要素融合；以本地化和差异化为战略依据，实现高质量城乡融合发展。加强污染跨界协调治理，推动区域联防联治、共建共保，建立成渝地区双城经济圈大气、水体、土壤及固体废物等环境系统统一的行业标准，构建信息交换平台，降低防与治的滞后性，从源头到末端进行全过程监管及处理，推动建设美好人居环境，助力经济可持续发展（李佳 等，2022）。优化国土空间规划，高效节约集约利用资源。推进绿色低碳发展，强化能源和水资源消耗、建设用地等总量和强度"双控"。推进区域内长江、嘉陵江、岷江、涪江、沱江、渠江等生态廊道建设。完善城乡路网和公交网络建设，推动城乡基本公共服务均等化，推动要素市场化配置，破除体制机制弊端，加快建设国家城乡融合发展试验区，形成工农互促、城乡互补、协调发展、共同繁荣的新型工农城乡关系。

对于成、渝两地在各领域合作与发展中有可能出现的同质化竞争问题，应在市场经济环境下理性处理竞争与合作的关系，建立合作共建、互利共赢的区域合作机制。成、渝两地以往签署的众多合作协议，大多数都聚焦于交通、产业、物流通道及公共服务等领域，关于跨区域科技创新、金融产业等领域合作的协议相对较少。应充分发挥市场机制的作用，让资源和要素在成、渝两地之间自由流动。在同质化中寻找差异化，促使产业结构同中有异，着眼于培育壮大比较优势。推动两地的自主创新，发展各自的核心技术，通过核心技术带动对各自产业发展进行定位，以规避产业趋同中的恶性竞争（龙开元 等，2021；方行明 等，2022）。

另外，协同发展将改变参与者在区域中的地位、权力和利益，再分配的发生将使某些区域比其他区域获益更多，由此可能产生虹吸效应和排斥效应。在协同发展初期，区域内的一些城市在中低端功能方面有重叠现象，而成、渝两地基础条件较好，成、渝双城的虹吸效应可能进一步加强，推动各类资源要素进一步向成、渝双核集聚（秦鹏 等，2021）。因此，在成渝地区双城经济圈协同发展进程中要坚守《纲要》提出的"双核引领，区域联动"原则，把握好因利益分配而产生的裂度，注意营造成、渝双核与周边城市以及周边城市相互之间的相对均势，以大带小，加快培育中小城市；以点带面，推动区域均衡发展；以城带乡，有效促进乡村振兴，形成特色鲜明、布局合理、集约高效的城市群发展格局。各城市应根据自身资源禀赋和经济发展水平，按照区域经济一体化发展要求，跨区域整合群内的资源和要素，结合城市优势制定不同的发展战略，科学合理地进行城市定位，避免城市之间的恶性竞争。同时，应进一步加大融合力度，加强边缘城市与成、渝以及边缘城市之间的经济联系，积极推动成渝地区双城经济圈经济一体化发展（曹炜威 等，2016）。

综上所述，健全成渝合作机制，完善配套政策体系，推动成渝地区双城经济圈经济高质量发展，加强科研创新与科技成果转化，加大对外开放力度推动贸易发展，促进金融与产业进一步融合，构建高效分工、相互融合的现代产业体系，城乡之间生产要素流动更顺畅、公共资源配置更均衡、生产力布局更合理，强化两地公共服务共建共享，必将促进成渝地区双城经济圈高质量发展，为形成有实力、有特色的成渝地区双城经济圈打下坚实基础，更好地满足人民群众对美好生活的追求。

钱宗鑫

2024 年 8 月

CONTENT 目录

001　一　导论

002　　　一、构建指标体系的背景和意义

004　　　二、指数编制方法

007　二　成渝地区双城经济圈协同发展指数概况

011　三　成渝地区宏观经济发展进展评估

012　　　一、指标体系的构建与测度

013　　　二、宏观经济评价结果分析

013　　　　（一）宏观经济指数评价结果分析

015　　　　（二）各二级指标评价结果分析

023　四　成渝地区协同创新进展评估

024　　　一、指标体系的构建与测度

026　　　二、协同创新评价结果分析

026　　　　（一）协同创新指数评价结果分析

027　　　　（二）各二级指标评价结果分析

031   五   成渝地区基础设施协同进展评估

032   一、指标体系的构建与测度

034   二、基础设施评价结果分析

034   (一)基础设施协同指数评价结果分析

036   (二)各二级指标评价结果分析

049   六   成渝地区贸易金融进展评估

050   一、指标体系的构建与测度

053   二、贸易金融评价结果分析

053   (一)贸易金融指数评价结果分析

054   (二)各二级指标评价结果分析

063   七   成渝地区城乡融合进展评估

066   一、指标体系的构建与测度

069   二、城乡融合评价结果分析

069   (一)城乡融合指数评价结果分析

071   (二)各二级指标评价结果分析

075   八　对策与建议

076   一、宏观经济发展相关对策与建议

077   二、协同创新相关对策与建议

079   三、基础设施协同相关对策与建议

080   四、贸易金融相关对策与建议

083   五、城乡融合相关对策与建议

087   参考文献

092   后记

导论

➡ 一、构建指标体系的背景和意义

进入"十三五"规划时期以来,成渝地区发展驶入快车道,中心城市辐射带动作用持续提升,中小城市加快发展,基础设施更加完备,产业体系日渐完善,科技实力显著增强,内需空间不断拓展,对外交往功能进一步强化。当今世界正经历百年未有之大变局,新一轮科技革命和产业变革深入发展,国际分工体系面临系统性调整。我国已转向高质量发展阶段,共建"一带一路"、长江经济带、西部大开发等重大战略深入实施,供给侧结构性改革稳步推进,扩大内需战略深入实施,为成渝地区新一轮发展赋予了全新优势、创造了重大机遇。

2021 年 10 月 20 日,中共中央、国务院印发了《成渝地区双城经济圈建设规划纲要》,提出了推动成渝地区双城经济圈建设的总体要求,是成渝地区双城经济圈建设的行动方略。《纲要》要求提升重庆、成都发展能级和综合竞争力,带动中心城市周边市(地)和区(县)加快发展。这一系列重大决策部署,为未来一个时期成渝地区发展提供了根本遵循和重要指引。推动成渝地区双城经济圈建设,有利于在西部形成高质量发展的重要增长极,打造内陆开放战略高地,推进成渝地区统筹发展,促进产业、人口及各类生产要素合理流动和高效集聚,强化重庆和成都的中心城市带动作用,使成渝地区成为具有全国影响力的重要经济中心、科技创新中心、改革开放新高地、高品质生活宜居地,助推高质量发展。规划期至 2025 年,展望到 2035 年。

成渝地区双城经济圈以重庆和成都两大国家中心城市为核心,范围包括重庆市的中心城区及万州、涪陵、綦江、大足、黔江、长寿、江津、合川、永川、南川、璧山、铜梁、潼南、荣昌、梁平、丰都、垫江、忠县等27个区(县)以及开州、云阳的部分地区,四川省的成都、自贡、泸州、德阳、绵阳（平武县、北川县除外）、遂宁、内江、乐山、南充、眉山、宜宾、广安、达州（万源市除外）、雅安（天全县、宝兴县除外）、资阳 15 个市，总面积 18.5 万平方千米，2019 年末常住人口 10 070 万人。成渝地区双城经济圈处于"一带一路"和长江经济带交汇处，是西部陆海新通道的起点，具有连接西南、西北，沟通东亚与东南亚、南亚的独特优势。区域内生态禀赋优良、能源矿产丰富、城镇密布、风物多样，是我国西部人口最密集、产业基础最雄厚、创新能力最强、市场空间最广阔、开放程度最高的区域，在国家发展大局中具有独特而重要的战略地位。

在《纲要》提出的发展要求指引下，成渝地区双城经济圈推行一系列政策措施优化重庆、成都都市圈发展布局，推动周边城市与中心城区同城化发展，协同提升科技创新水平，加快构建现代基础设施网络，协同建设现代产业体系，深化体制机制改革，促进公共服务共建共享，提升开放合作水平。

在上述背景下，本书综合考虑宏观经济、协同创新、基础设施协同、贸易金融、城乡融合等多方面的地区发展建设情况，兼顾传统指标与新兴指标，编制成渝地区双城经济圈协同发展指数，具有一定的理论意义和实践意义。

在理论意义上，该指数能直观综合地反映发展状况。简化有关地区发展各部门统计的庞大数据和海量信息，研究挑选与宏观经济、协同创新、基础设施协同、贸易金融、城乡融合 5 个一级指标相关的具有代表性的统计数据，对于庞杂数据进行系统分析和加工计算，取得标准化结果，直观地反映地区各方面发展状况。拓展成渝地区双城经济圈协同发展评估理论。相较于传统指标，本书紧扣《纲要》提出的"双核引领，区域联动"原则，根据成渝地区双城经济圈各地市具体情况，有针对性地分析中心和区域的协同发展进程，有利于地方政府等相关决策部门更便捷、更深入地掌握成渝地区发展状况，为统筹决策提供一定参考。

在实践意义上，该指数有利于宏观经济政策的制定和实施。成渝地区双城经济圈协同发展指数综合包含了经济发展、产业结构升级等多方面的地区建设信息，是对政府宏观政策实施和地区发展状况的反馈，从而为政府及相关部门及时了解政策执行情况提供了路径，有利于各地区对发展的自我诊断。本书综合考察了以重庆和成都为中心辐射带动周边地区的成渝地区双城经济圈发展状况，对各地市发展进行数据比较和案例分析，总结了各地区的主要进步和成果，针对各地区不同情况，有针对性地指出进一步提高的方向，拓展区域发展新空间，为促进区域协调发展，形成优势互补提供一定的政策参考。

➡ 二、指数编制方法

（1）原始数据的标准化处理。根据设置的评价指标体系搜集所需要的数据，并采用归一化的方法对三级指标的原始数据进行无量纲化处理。归一化的具体公式如下：

$$y_{it} = \frac{x_{it}}{\sum_t x_{it}}$$

式中，i 表示三级指标，t 表示年份；x_{it} 表示三级指标 i 在年份 t 的原始数值，$\sum_t x_{it}$ 代表该三级指标在所有年份的总和；y_{it} 表示标准化后得到的数值。归一化可以使所有的数据最终标准化到 ［0，1］ 区间。

对排名数据，采用以下公式处理：

$$r_{it} = 1 - \frac{\text{rank}_{it}}{\text{total}_t}$$

式中，i 表示三级指标，t 表示年份；rank_{it} 表示三级指标 i 在年份 t 的原始排名，total_t 代表该三级指标所在年份的参排总数；r_{it} 表示标准化后得到的数值，r_{it} 越大，表示排名越靠前。归一化可以使所有的数据最终标准化到

［0，1］区间。

（2）指标权重的设定。将各指标按照所从属的指标层次采用等权重法赋值。该方法具有客观、直观、稳定的优点，并且可以进行跨年度的对比分析。首先将二级指标进行等权重设置，体现了对融合发展各方面的均衡考量，然后再把每个二级指标的权重均分到该二级指标下的三级指标。

（3）各一级指标总指数的测度。根据设置的评价指标体系搜集所需要的数据，采用归一化的方法进行原始数据的无量纲化处理，并计算各三级指标数值。依次计算出三级指标的得分，并对二级指标加权求和得到一级指标的发展水平指数，并以基期年为100进行换算。

（4）总指数的测度。综合5个一级指标的总指数，计算算术平均，即等权重法赋值，计算出总指数，进行跨年度的对比分析。其中，以2018年为基期（基期总指数水平为100）。

成渝地区双城经济圈协同发展指数概况

　　成渝地区双城经济圈协同发展指数评价体系包含 5 个一级指标和各自对应的若干二级指标、三级指标，主要评价以重庆和成都两中心城市为核心的成渝地区双城经济圈 2018—2020 年度的发展情况。2018—2020 年，成渝地区双城经济圈协同发展指数分别为 100.00、102.74 和 124.39，逐年有所增长，2020 年增速显著加快，2019 年、2020 年的同比增长率分别为 2.74% 和 21.07%，反映出成渝地区发展迅速，彰显了经济韧性和制度优势（详见 表 2-1）。

表 2-1　2018—2020 年成渝地区双城经济圈建设总指数及各一级指标的指数

一级指标	2018 年	2019 年	2020 年
宏观经济	100.00	102.04	102.27
协同创新	100.00	111.90	140.40
基础设施协同	100.00	84.24	138.60
贸易金融	100.00	112.03	131.48
城乡融合	100.00	103.50	109.24
总指数	100.00	102.74	124.39

　　成渝地区双城经济圈发展总体向好，协同创新、基础设施协同与贸易金融领域发展迅速。宏观经济、协同创新、基础设施协同、贸易金融、城乡融合 5 个一级指标在 2018—2020 年间总体呈增长趋势（详见图 2-1），但均存在内部发展不均衡的问题。

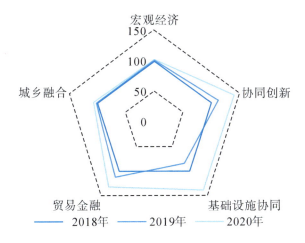

图 2-1 2018—2020 年成渝地区双城经济圈各一级指标的指数对比

具体来看：

在宏观方面，宏观经济发展稳中向好。常住人口规模、地区经济总量占全国比重持续上升，但与四川、重庆地区其他中小城市相比，重庆主城区与成都的首位度过高。成、渝两地应牢固树立一盘棋思想和一体化发展理念，在提升重庆、成都中心城市综合能级和国际竞争力的同时，更加注重强化协同辐射带动作用，积极加快培育中小城市，推动区域均衡发展。

在协同创新方面，协同创新水平显著提高。成渝地区科研合作网络结构不断丰富、关系不断复杂，科研合作联系不断增强。研发经费投入强度不断提升，但重庆研发投入强度低于成渝平均，有进一步提升空间。知识和技术创新产出主要集中在成都和重庆这两个中心城市，其他中小城市创新产出较少。应加强重庆、成都协同创新联系，加快集聚国内外创新资源，推动科技创新应用与产业转型升级深度融合，构建协同创新体系。

在基础设施协同方面，成渝总体发展显著高于全国平均水平。在基础设施投资、高速公路网密度、铁路网密度、人均水资源量、环境空气质量等显著高于全国平均水平，2019 年基础设施指数较 2018 年略有下降，主要因为基础设施投资与新基建方面增速放缓。分城市来看，存在内部发展不平衡的现象,未来应重点关注达州、乐山、宜宾、雅安、绵阳等地高速路网的建设和完善,优化整合区域资源,加强交通政策协同对接,助力打造我国西南地区综合交通极。

在贸易金融方面,成渝地区国际贸易改革卓有成效,区域金融与产业融合水平显著提高。自 2019 年起,成渝地区提高对外开放水平,可持续改善营商环境,更好地发挥政府作用,强化改革的先导和突破作用,积极推动更高层次开放。成、渝两地金融业规模体量居于全国前列,并各自形成特定领域金融创新优势,成都围绕实体经济发展产融互动生态,重庆深化金融供给侧结构性改革、金融对接区域特色因地制宜开展产业金融等创新试点。成、渝两地共同入选中国人民银行数字货币、金融科技创新监管等试点城市。成渝地区银行业分支机构数量增长迅速,上下游产业的企业数量不断增加,电子商务融合不断深化。但相较于东南沿海地区,成渝地区不具有区位优势,营商环境也有一定差距,金融机构上存在重复建设、无序竞争问题,上市公司发展较慢,金融交易市场缺失,法人金融机构发展不足。接下来可注重发展数字经济,加快建设西部金融中心,成、渝实现跨区域合作,共同加强金融体系建设,加强跨区域金融资源合作与监管。

在城乡融合方面,稳中有进。但城乡要素融合相对较慢,城市的产业链条趋于完善,而农村的产业较为单一。下一步发展,应注重区域异质性,制定差异化的地区发展战略和针对性区域发展政策。

成渝地区宏观经济发展进展评估

《纲要》提出了推动成渝地区双城经济圈建设的总体要求，明确合力打造区域协作的高水平样板，在推进新时代西部大开发中发挥支撑作用，在共建"一带一路"中发挥带动作用，在推进长江经济带绿色发展中发挥示范作用。其中，《纲要》明确提出，把成渝地区双城经济圈建设成为具有全国影响力的重要经济中心，到 2025 年，成渝地区双城经济圈经济实力、发展活力、国际影响力大幅提升，一体化发展水平明显提高，区域特色进一步彰显，支撑全国高质量发展的作用显著增强。

➡ 一、指标体系的构建与测度

本书将紧扣"重要经济中心"的目标和任务构建宏观指标体系，评估重庆和成都两地 2018—2020 年宏观经济发展情况。宏观指标体系着眼人民生活和战略性新兴产业发展等领域，主要包括"收入水平""前沿经济""人力资本与人民生活"3 个二级指标，以及在此基础上细化出的 9 个三级指标，能比较客观地反映城市宏观经济总体发展情况。具体指标名称和来源等信息如表 3-1 所示。

表 3-1　宏观经济指数的指标体系

二级指标	三级指标	数据来源
收入水平	经济总量全国占比	《中国统计年鉴》《四川省国民经济和社会发展统计公报》《重庆市国民经济和社会发展统计公报》
	人均 GDP 与全国之比	《中国统计年鉴》《四川统计年鉴》《重庆统计年鉴》

表3-1(续)

二级指标	三级指标	数据来源
前沿经济	数字经济在全国发展中的地位	《中国统计年鉴》《四川统计年鉴》《重庆统计年鉴》
	高技术制造业增加值占规模以上工业增加值比率与全国平均水平之比	《中国统计年鉴》《四川省国民经济和社会发展统计公报》《重庆市国民经济和社会发展统计公报》
	电子商务销售额全国占比	《中国第三产业统计年鉴》
人力资本与人民生活	年末总人口全国占比	《中国统计年鉴》《四川统计年鉴》《重庆统计年鉴》
	普通本专科学生全国占比	《中国统计年鉴》《四川统计年鉴》《重庆统计年鉴》
	执业（助理）医师数全国占比	《中国统计年鉴》《四川统计年鉴》《重庆统计年鉴》
	死因监测地区户籍人口期望寿命/全国平均	《四川省卫生健康统计年鉴》《重庆卫生健康统计年鉴》

➡ 二、宏观经济评价结果分析

（一）宏观经济指数评价结果分析

宏观经济指数平稳增长，宏观经济发展稳中求进。2021 年，《纲要》中明确了成渝地区双城经济圈的战略定位，提出把成渝地区双城经济圈建设成为具有全国影响力的重要经济中心。根据本书构建的宏观经济评价指标体系，从 2018 年到 2020 年，重庆市宏观经济总指数从 100 增长到 103.9，四川省宏观经济总指数从 100 增长到 103.4（详见表 3-2），反映了成渝地区双城经济圈建设稳步推进。

表 3-2　2018—2020 年成渝地区宏观经济及各二级指标的指数

指标名称	2018 年		2019 年		2020 年	
	重庆	四川	重庆	四川	重庆	四川
收入水平	32.6	32.9	34.3	34.3	35.1	35.0
前沿经济	33.6	33.0	34.0	34.8	34.5	34.4
人力资本与人民生活	33.8	34.1	34.1	34.1	34.2	34.0
总指数	100.0	100.0	102.4	103.1	103.9	103.4

收入水平提高与前沿经济发展是宏观经济指数增长的主要动力。从三个二级指标的变化来看（见图 3-1 和图 3-2），重庆市收入水平增幅较大，2018—2020 年年均增长 3.7%，高于前沿经济（1.4%）和人力资本与人民生活（0.7%）的增速；四川省收入水平和前沿经济的增幅均较大，2018—2020 年年均增长分别为 3.1% 和 2.1%。重庆市与四川省的人力资本和人民生活指标均基本保持不变，人力资本与人民生活水平有待进一步提升。

图 3-1　2018—2020 年重庆市宏观经济各二级指标的指数对比

图 3-2　2018—2020 年四川省宏观经济各二级指标的指数对比

（二）各二级指标评价结果分析

1. 成渝地区收入水平评价分析

经济总量增长较快，经济实力持续壮大，质量效益稳步提升。在收入水平方面，最直观的表现形式就是地区生产总值和地区人均生产总值。2018 年，成渝地区双城经济圈实现地区生产总值约 5.6 万亿元，占全国的 6.0%；2019 年成渝地区双城经济圈实现地区生产总值近 6.3 万亿元，占全国的 6.3%；2020 年成渝地区双城经济圈实现地区生产总值 6.8 万亿元，占全国的 6.7%。考虑重庆市与四川省总体情况，根据《中国统计年鉴》的数据，从地区生产总值上看，2018 年我国的国内生产总值为 900 309.5 亿元，重庆的地区生产总值为 20 363.19 亿元，占全国的 2.26%（见表 3-3）；四川的地区生产总值为 40 678.13 亿元，占全国的 4.52%。2019 年我国的国内生产总值为 990 865.1 亿元，重庆的地区生产总值为 23 605.77 亿元，占全国的 2.38%；四川的地区生产总值为 46 615.82 亿元，占全国的 4.7%。2020 年我国的国内生产总值为 1 015 986.2 亿元，重庆的地区生产总值为 25 002.79 亿元，占全国的 2.46%；四川的地区生产总值为 48 598.76 亿元，占全国的4.78%。这表明，重庆和四川的地区生产总值占全国经济总量的比重在2018—2020年三年内持续上升，地区经济增速高于全国经济增速，在几大经济圈中后发赶超态势明显。从人均GDP与全国平均水平之比来看，2018年我国人均GDP为64 644元，重庆的人均GDP是65 933元，与全国平均水平之比是101.99%；四川的人均GDP是48 883元，与全国平均水平之比是75.62%。2019年我国人均GDP为70 892元，重庆的人均GDP是75 828元，与全国平均水平之比是106.96%；四川的人均GDP是55 774元，与全国平均水平之比是78.67%。2020年我国人均GDP为72 000元，重庆的人均GDP是78 170元，与全国平均水平之比是108.57%；四川的人均GDP是58 126元，与全国平均水平之比是80.73%。分析可知，近年来重庆的人均GDP水平始终高于全国，而四川的人均GDP水平则相当于全国的八成左右。相同的是，二者均在2018—2020年内实现了稳定的上涨。

在成渝地区双城经济圈中，重庆和成都两个西部特大中心城市遥遥领先，其他城市与重庆和成都差距较大。2020年，重庆实现地区生产总值2.5万亿元（见表3-4），高居全国第5位，仅次于上海、北京、深圳、广州四大一线城市；成都实现地区生产总值1.77万亿元，居全国第7位。其他城市发展状况欠佳。2020年，地区生产总值仅有绵阳勉强达到3 000亿元级别，宜宾、德阳、南充、泸州、达州、乐山为2 000亿元级别，位列大陆的四线城市行列。在人均国内生产总值上，仅有重庆、成都、绵阳、宜宾、德阳、乐山六个城市人均超过6万元，南充、达州、内江、资阳四个城市的人均GDP不足4万元，相较于全国人均国内生产总值71 965元，还有一定进步空间。

表 3-3　2018—2020 年成渝地区双城经济圈宏观经济总体运行情况

指标名称	2018 年		2019 年		2020 年	
	重庆	四川	重庆	四川	重庆	四川
经济总量全国占比	2.26%	4.52%	2.38%	4.70%	2.46%	4.78%
人均 GDP 与全国 GDP 之比	101.99%	75.62%	106.96%	78.67%	108.57%	80.73%
数字经济在全国发展地位（四川省排名为成都市排名）	9	5	10	4	9	4
高技术制造业增加值占规模以上工业增加值比率与全国平均水平之比	130.29%	102.73%	133.33%	104.17%	126.49%	102.65%
电子商务销售额全国占比	2.75%	2.77%	2.81%	3.17%	3.07%	3.12%
年末户籍人口全国占比	2.42%	6.49%	2.42%	6.45%	2.42%	6.43%
普通本专科学生全国占比	2.69%	5.53%	2.75%	5.48%	2.79%	5.48%
执业（助理）医师数全国占比	2.12%	5.68%	2.15%	5.73%	2.17%	5.74%
全市（省）死因监测地区户籍人口期望寿命/全国平均	100.83%	100.13%	100.71%	100.05%	100.28%	99.53%

表 3-4　成渝地区双城经济圈各地市 GDP 情况

城市	所属省份	GDP/亿元	2019 年末常住人口/万人	人均 GDP/万元
重庆	重庆	25 002.79	3 124.32	7.82
成都	四川	17 716.67	1 658.10	10.68
绵阳	四川	3 010.08	487.70	6.17
宜宾	四川	2 802.12	457.30	6.13
德阳	四川	2 404.13	354.50	6.78
南充	四川	2 401.08	643.50	3.73
泸州	四川	2 157.22	432.94	4.98

表3-4(续)

城市	所属省份	GDP/亿元	2019年末常住人口/万人	人均GDP/万元
达州	四川	2 117.80	574.10	3.69
乐山	四川	2 003.43	327.10	6.12
内江	四川	1 465.88	370.00	3.96
自贡	四川	1 458.44	292.20	4.99
眉山	四川	1 423.74	299.50	4.75
遂宁	四川	1 403.18	318.90	4.40
广安	四川	1 301.57	325.10	4.00
资阳	四川	807.50	250.30	3.23
雅安	四川	754.59	154.10	4.90
汇总		68 230.22	10 069.66	6.78

2. 成渝地区前沿经济评价分析

重庆与成都数字经济综合实力已跻身国内第一方阵，高技术制造业比率与电子商务发展速度均高于全国平均水平。近年来，重庆坚持以大数据智能化为引领，以推动高质量发展、创造高品质生活为出发点，"芯屏器核网""云联数算用"全要素群加速集聚。从数字经济在全国发展的地位来看（详见表3-3），2018年，重庆位居全国第9位，成都位居全国第5位；2019年，重庆位居全国第10位，成都位居全国第4位；2020年，重庆位居全国第9位，成都位居全国第4位。重庆与成都数字经济发展指数均排名全国前十，跻身国内第一方阵，成都的数字经济比重庆更活跃，发展速度也更快。从高技术制造业增加值占规模以上工业增加值的比率来看，2018年，全国平均比率是13.9%，重庆是18.11%，四川是14.28%；2019年，全国平均比率是14.4%，重庆是19.2%，四川是15.0%；2020年，全国平均比率是15.1%，重庆是19.1%，四川是15.5%。重庆和四川的高技术制造业比率均高于全国平均水平，且与全国平均水平的增速差较为稳定。从电子商务销售额占全国的比重来看，2018年，重庆的电子商务销售额占到全国的2.75%，四川占比2.77%；2019年，重庆的电子商务销售额占到全国的2.81%，四川占比3.17%；2020年，重庆的电子商务销售额占到全国的3.07%，四川占比3.12%。这反映出在2018—2020年，重庆和四川的电子商务发展速度高于全国，占全国的比重逐渐扩大。

3. 成渝地区人力资本与人民生活的评价分析

重庆、四川老龄化问题较为突出。人口是最基本的经济要素，人口普查可以从侧面反映城市实力和吸引力的变化情况。国家统计局与《重庆统计年鉴》数据显示，2019年末重庆户籍总人口约3 416万人，比2018年末增加13万人，不过2020年仅约3 412.71万人，比2019年自然负增长4.87万人，自然增长率-1.42‰；成都约为1 500万人，比2018年末增加24万人。2019年末我国人口总数为141 008万人，重庆年末总人口全国占比约为2.42%，成都约为1.05%。根据第七次全国人口普查数据，截至2020年11月1日，全国超大城市有上海、北京、深圳、重庆、广州、成都、天津7城（按城区人口数排序），重庆市市常住人口共3 205.42万人，与2010年第六次全国人口普查时的2 884.62万人相比增加320.80万人，增长11.12%，年平均增长率为1.06%。四川全省常住人口共8 367.5万人，处于全国第五位，仅次于广东、山东、河南、江苏，与2010年第六次全国人口普查时的8 041.82万人相比，常住人口增加325.7万人，增长4.05%。截至2020年末，成都市常住人口首次突破2 000万人大关，达到2 093.78万人（详见图3-3），其中有近150万人来自省外，第一大来源地为重庆，总数超过30万人，占成都省外人员人口的比例达到21.42%，可见成渝地区民间交往密切。十年之间，重庆、成都常住人口保持了平稳增长态势，人口变化从侧面反映了一些城市发展情况。一方面，重庆市是千万人口城市中唯一一个户籍人口多于常住人口的城市，这意味着当地处于人口流出的状态，一定程度上加剧了人口老龄化程度，带来老年抚养比偏高的问题。从常住人口来看，截至 2020 年末，全国老年人口抚养比为 19.7%，重庆、四川老年人口抚养比分别为 25.5%、25.3%，远超全国平均水平，居全国第一位和第二位。另一方面，成都常住人口快速增长，反映出四川省人口逐步向首位城市成都集聚，这与当地经济持续加快发展密不可分。

图 3-3 2010—2020 年成、渝两地年末常住人口数量

成渝地区高等教育水平不断提高。人口受教育程度是反映人口素质的重要指标之一。2018—2020 年，重庆、成都普通本专科学生绝对数量均逐年增加，其中重庆由 76.28 万人增长至 91.56 万人，成都由 84.03 万人增长至 92.71 万人，四川由 156.47 万人增长至 180.09 万人，重庆、四川普通本专科学生绝对数量增加，常住人口提质增量，成渝地区人口受教育程度上升，高等教育水平不断提高，有力地促进了人力资本质量的提升。重庆、成都普通本专科学生在全国主要城市本专科学生中的占比在 2.69%～2.90% 之间浮动，成都略有下降趋势，四川总体普通本专科学生占比从 5.53% 滑到 5.48%，略有下降。可能的原因有：两地人口增长，中心城市集聚能力快速增强，以及全国其他地区人口受教育程度也在较快提高，全国普通本专科学生绝对数量从 2 831.0 万人增长为 3 285.3 万人。相对值数据浮动反映出成渝地区教育发展不平衡不充分，成渝地区高校在质量和数量上均不能充分满足一体化的发展需求，或有进一步提升的空间。

　　成渝地区主要健康指标高于全国平均水平。发展卫生健康事业是满足人民群众不断增长的多层次健康服务需求，让人民群众拥有更多的获得感、幸福感和安全感的基础。2018—2020 年，重庆、成都两地执业（助理）医师数逐年增加，截至 2020 年末，重庆共有执业（助理）医师 8.87 万人，成都共有 7.24 万人。四川总体执业（助理）医师数也增长较快，从 2018 年的 20.50 万人增长到 2020 年的 23.45 万人，年均增长 6.96%。重庆人均预期寿命由 2018 年的 77.64 岁提升到 2019 年的 77.85 岁，略高于我国居民人均预期寿命的 77.3 岁。四川全省死因监测地区户籍人口期望寿命由 2018 年 77.10 岁提升到 2020 年的 77.56 岁。重庆、成都的主要健康指标高于全国平均水平，处于西部地区领先地位。

四

成渝地区协同创新进展评估

成渝地区双城经济圈中不同类型城市基于多主体、跨区域、跨组织的复杂合作，形成了联系紧密、分工合作的区域创新系统。实现成渝地区双城经济圈高质量发展的根本动力是创新驱动，而协同创新是创新驱动的核心所在。《纲要》对协同创新做出重点安排，将建设成为具有全国影响力的科技创新中心作为四大战略定位之一，在《纲要》实施过程中须及时评估成渝地区双城经济圈协同创新的程度。

➡ 一、指标体系的构建与测度

本书认为，成渝地区双城经济圈协同创新包含两方面的含义：第一，在成渝地区的创新水平都保持增长的前提下，地区之间的创新水平差距不断缩小，区域创新结构更加协调；第二，成渝地区双城经济圈协同创新是一种跨地区、跨组织的创新协作活动，要求知识、技术、人才等创新资源在不同地区、不同组织之间充分流动，形成分工合理、协同合作、融合发展的区域创新系统。协同创新的目的是使成渝地区更好地实现创新发展，如果只强调地区之间的合作而最终没有实现区域创新水平的提高和地区经济与社会的发展，就是一种无效的协同；而如果仅注重区域整体创新水平的增长，但内部缺乏协同合作，就是一种低效率、不均衡的增长。

结合国内外区域创新指数构建的经验，以及成渝地区协同创新的现实需求，本书认为高质量的区域协同创新既包括区域内各地区创新水平的提升，也包括地区之间创新联系的增加，其中创新水平由创新投入和创新产出来衡量。因此，协同创新指数包括三个二级指标，分别是创新投入、创新产出和创新网络。当前成渝地区协同创新既要求各城市不断提升自身的创新水平，也要求增强城市之间的创新合作与溢出。三个二级指标围绕这一核心理念展开，全面系统地反映了成渝地区在增强综合创新能力、促进区域协同创新方面的进展。本报告用大量的微观创新数据，如合作论文、合作专利等，充分地反映不同地区和城市之间的科研合作和技术联系情况，能够更好地反映成渝地区协同创新的情况。在时间跨度上，使用的是2018—2020 年的数据。指标体系及其数据来源如表 4-1 所示。

表 4-1　协同创新指数的指标体系

二级指标	三级指标	数据来源
创新投入	R&D 投入规模/亿元	《四川省科技经费投入统计公报》《重庆市科技投入统计公报》《四川统计年鉴》《重庆统计年鉴》
	R&D 投入强度/%	《四川省科技经费投入统计公报》《重庆市科技投入统计公报》《四川统计年鉴》《重庆统计年鉴》
	科学技术支出占一般公共预算支出比重/%	《四川统计年鉴》《重庆统计年鉴》
	R&D 人员折合全时人员/人年	《四川统计年鉴》《重庆统计年鉴》
创新产出	国内发明专利授权数/件	国家知识产权局网站，《四川省专利数据简报》《重庆统计年鉴》
	SCI、SSCI 和 A&HCI 论文数/篇	WOS 数据库
	技术市场成交额/亿元	国家统计局
	高新技术产业营业收入/亿元	《四川省高新技术产业统计简析》《中国科技统计年鉴》
创新网络	区域内合作专利数/件	国家知识产权局网站
	成渝中心城区与区域内其他地区的合作专利数/件	国家知识产权局网站
	知识合作　区域内合作论文数/篇	WOS 数据库
	成渝中心城区与区域内其他地区的合作论文数/篇	WOS 数据库

→ 二、协同创新评价结果分析

（一）协同创新指数评价结果分析

区域协同创新指数增长迅速，协同创新水平显著提高。《中华人民共和国国民经济和社会发展第十四个五年规划和 2035 年远景目标纲要》中提出"推进成渝地区双城经济圈建设，打造具有全国影响力的科技创新中心"。2021 年 10 月 21 日，中共中央、国务院印发《成渝地区双城经济圈建设规划纲要》，提出在成渝地区"建设综合性科学中心"。根据本书构建的协同创新评价指标体系，从 2018 年到 2020 年，成渝地区协同创新指数从 100 增长到 140.4（详见表 4-2），年均增速为 18.5%，反映了成渝地区协同创新发展取得了较显著的成效。

表 4-2　2018—2020 年成渝地区协同创新及各二级指标的指数

指标名称	2018 年	2019 年	2020 年
创新投入	35.2	39.3	42.9
创新产出	34.6	38.9	43.9
创新网络	30.1	33.7	53.6
总指数	100.0	111.9	140.4

创新网络联系增强是协同创新指数增长的主要动力。从三个二级指标的变化来看（详见图 4-1），创新网络指数的增幅和增速均最大，2018—2020 年年均增长 33.4%，远高于创新投入（10.4%）和创新产出（12.6%）的增速。成渝地区协同创新指数的增长中有 58.1% 是由创新网络联系增强带来的，创新投入和创新产出水平有待进一步提升。

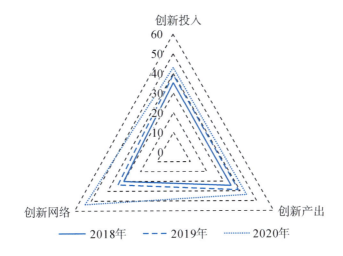

图 4-1　2018—2020 年成渝地区协同创新各二级指标的指数对比

（二）各二级指标评价结果分析

1. 成渝地区创新投入评价分析

研发经费规模不断扩大，成都研发投入规模超过重庆。2018—2020 年，成渝地区研究与试验发展经费由 1 121.1 亿元增加到 1 550.1 亿元，增长了 38.2%。其中，成都的研发经费增幅最大（详见图 4-2），从 392.3 亿元增加到 551.4 亿元，增长了 40.6%，在 2020 年超过重庆，成为成渝地区研究经费规模最大的城市。从各城市研究经费规模来看，2020 年，成都、重庆和绵阳研究经费规模位居前三，占成渝地区的比重分别为 35.6%、34.0% 和 13.9%，合计高达 83.4%，其余城市研究经费投入规模较小。

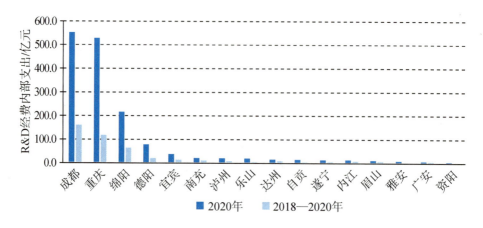

图 4-2 2020 年成渝地区各城市 R&D 经费规模及 2018—2020 年的变化

　　研发经费投入强度不断提升，绵阳研发投入强度位居全国第一。成渝地区的研发经费支出占地区 GDP 比重从 2018 年的 1.88% 上升到 2020 年的 2.27%，与《纲要》中提出的研发投入强度达到 2.5% 左右的发展目标还有一定距离。其中绵阳的研发经费投入规模虽然相对较小，但其投入强度从 2018 年的 5.83% 提高到 2020 年的 7.14%（详见图 4-3），在全国城市中排第一名，比居第二位的北京高出 0.7 个百分点。绵阳国家级和省级重点实验室、工程技术研究中心等各类创新平台超过 200 个，为支持技术研发与成果转化提供了强大支撑。重庆的研发经费投入强度从 2018 年的 1.90% 上升到 2020 年的 2.11%，但仍低于成渝地区的平均强度，这也反映了重庆在研发投入上与其中心城市的地位不匹配，亟须提高研发经费投入强度。资阳和广安的研发投入强度在近年来虽有所提升，但 2020 年的投入强度仍低于 0.5%，在研发投入方面仍十分薄弱。

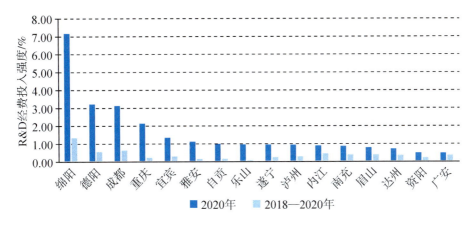

图 4-3　2020 年成渝地区各城市 R&D 投入强度及 2018—2020 年的变化

2. 成渝地区创新产出评价分析

知识和技术创新成果不断涌现，知识创新高速增长。区域协同创新涉及创新价值链的多个环节，知识创新与技术创新是其中的核心部分。知识创新是指通过科学研究发现新知识、新思想、新方法的过程，其创新主体为高校、研究机构等。技术创新是面向生产和应用转化创新，以新技术、新产品的开发为主，其创新主体为企业。知识创新处于创新价值链的前端，是区域技术创新的源泉，而技术创新则处于创新价值链的中后端，是知识创新转化为技术进步并最终促进地区经济增长的重要途径。两者相互联系，缺一不可，都是区域创新体系的核心功能。本书分别以 SCI、SSCI 和 A&HCI 论文数、国内发明专利授权数衡量成渝地区的知识创新和技术创新。2018—2020 年，成渝地区论文发表数量从 38 215 篇增长到 55 924 篇，年均增长 46.3%，实现了高速增长。相较于论文，成渝地区专利授权量增速相对较低，但仍实现了 20.2% 的年均增速。

成、渝两地是知识和技术创新的主要空间载体，部分城市专利产出减少的趋势需引起重视。成渝地区知识和技术创新主要集中在成都和重庆两个中心城市，且在变化趋势上呈现出进一步集聚的态势。2020 年，成都的论文和专利产出占地区的比重均超过了一半，占比分别达到了 54.9% 和 50.8%，重庆的论文和专利产出大约占比三分之一，分别为 35.6% 和

32.2%。绵阳的知识和技术创新产出处于第二梯队,占地区的份额分别为5.3%和6.8%。其余城市创新产出相对较少,其中德阳、泸州、眉山、广安和资阳的专利授权量在2018—2020年下降的趋势需引起重视。

3. 成渝地区创新网络评价分析

成渝地区科研合作网络形成了以成、渝为主轴,以成、绵为次轴的空间结构。2020年,成渝、成绵的论文合作数量分别是1 556篇和613篇,占成渝地区论文合作数量的比重分别为33.3%和13.1%。

从论文合作网络结构变化可见,成渝地区论文网络结构处在不断丰富、关系不断复杂的变化过程中。2018—2020年,成都与重庆论文合作数量增加最多,其次为成都与泸州、南充和绵阳,由此反映出成都与其他城市的科研合作联系不断增强;重庆作为网络的另一核心,主要与成都进行科研合作,对其他城市辐射较少。从整体上来看,成都地区科研合作网络空间结构较为稳定,极化程度较高,仍需注重合作增长的均衡性。

专利合作网络密度相对较低,成、渝两地之间需加强专利合作。与论文合作网络相比,成渝地区专利合作网络密度较低,网络层级体系尚未形成。

从2020年的专利合作网络来看,重庆—乐山—眉山是成渝地区技术合作的主轴,重庆—乐山、乐山—眉山的专利合作数量占区域合作专利数量的比重分别为35.6%和29.2%。成都的专利合作主要城市是德阳,与重庆之间的专利合作亟须加强。从2018—2020年的网络变动来看,重庆—乐山、成都—德阳是成渝地区技术合作网络生长最重要的动力,成都—重庆之间的技术合作量几乎没有变动。

五

成渝地区基础设施协同进展评估

➡ 一、指标体系的构建与测度

基础设施在成渝地区双城经济圈协同发展过程中起着重要的基础保障作用。成渝地区是中国西部经济最发达的地区，承载着多项国家重要战略。在协同推进成渝地区双城经济圈建设的过程中，基础设施的完善与协同对于联结经济圈内各城市以及促进经济圈与外界的联系都具有十分重要的意义。

首先，在区域协同发展过程中，基础设施的协同发展是重要保障和先行条件，而基础设施投资反映了某地区在一定时期内对基础设施建设的投入力度和重视程度。基础设施投资额增长率的提高和基础设施投资在地区固定资产投资中所占的比重，均可以有效衡量一定时期内该地区基础设施投资的协同发展情况。

其次，区域基础设施协同最基础的内容之一是交通协同。已有研究表明，交通基础设施的改善对促进区域经济一体化产生了积极影响，要想实现区域经济一体化，改善交通基础设施是十分重要的。2021年发布的《国家综合立体交通网规划纲要》明确提出要优化国家综合立体交通布局，而成渝地区双城经济圈作为国家综合立体交通网主骨架4极之一，被提及多达5次。细化交通一体化指标，有助于发现成渝地区交通基础设施协同过程中存在的短板，对加速完善成渝地区的交通基础设施体系具有重要意义。

再次，生态基础设施可以提高区域生态系统服务能力。已有研究表明，区域内的生态环境条件作为绿色发展的重要指标，与城镇化发展存在明显的相关关系，为地区的绿色高质量协同发展提供了科学依据。因此，生态环境的协调发展是内嵌于基础设施协同体系之中的，不仅反映了区域资源环境的协调程度，更是基础设施绿色协同发展的集中体现。

最后，需要特别指出的是，新基建作为新时代支撑中国经济新动能的关键，其发展程度对地区新经济的发展及新动能的壮大都起着关键作用。

新基建本身就是基础设施建设的组成部分，新基建的协同创新发展还将在区域内产生溢出效应，通过提高数字化转型效能为地区经济与社会发展提供新的支撑。

为此，根据成渝地区双城经济圈的发展实际，结合当前的协同发展趋势与要求、综合数据的可得性与持续性等特点，我们构建了成渝地区双城经济圈的基础设施协同指数，包括基础设施投资、交通一体化、资源环境和新基建4个二级指标、12个三级指标。具体指标体系与数据来源见表5-1。

表5-1 基础设施协同指数构建

二级指标	三级指标	数据来源
基础设施投资	基础设施投资额增长率比值	四川省统计局，四川、成都、重庆统计公报
	基础设施投资占固定资产投资比重比值	《中国统计年鉴》，四川、重庆及各城市统计年鉴与统计公报
交通一体化	高速公路网密度比值	四川、重庆及各城市统计年鉴
	铁路里程（路网）密度比值	《中国城市交通绿色发展报告（2018—2020)》，四川、重庆及各城市统计年鉴
	所有运输方式客运量占比	四川、重庆及各城市统计年鉴、统计公报，交通厅运输行业统计公报
	所有运输方式货运量占比	四川、重庆及各城市统计年鉴
资源环境	城市绿化覆盖率比值	四川、重庆及各城市统计年鉴
	人均水资源量比值	四川、重庆及各城市统计年鉴
	环境空气质量满足优良天数占比比值	《中国生态环境状况公报》《重庆市生态环境状况公报》《四川省生态环境状况公报》
新基建	新能源汽车公共类充电桩数量占比	中国电动汽车充电联盟（EVCIPA）
	5G基站数量占比	《四川省5G发展指数蓝皮书（2020版)》
	绿色数据中心占比	工业和信息化部《国家绿色数据中心名单》

在指数的测算上，我们从成渝地区双城经济圈整体和经济圈内部各城市两个层次进行分析，以更好地体现"协同发展"的特征。一方面，通过测算成渝地区双城经济圈在全国所占的比重，衡量成渝地区双城经济圈作为一个整体在全国的协同发展水平；另一方面，通过计算主要城市或子城市在成渝地区双城经济圈中所占的比重，来观测经济圈内部各城市在相应指标上的协同度与融合度。

➡ 二、基础设施评价结果分析

早在 2011 年，国家发展改革委就印发了《成渝经济区区域规划》；2016 年，国家发展改革委、住建部联合印发《成渝城市群发展规划》；2020 年 1 月召开的中央财经委员会第六次会议提出，要推动成渝地区双城经济圈建设，成渝地区双城经济圈建设自此正式开启；2020 年 10 月 16 日，中共中央政治局召开会议，审议《成渝地区双城经济圈建设规划纲要》。《纲要》明确指出，成渝地区基础设施瓶颈依然较为明显。显然，成渝地区也意识到了这一短板。2020 年以来，成渝地区地方政府先后印发《川渝毗邻地区合作共建区域发展功能平台推进方案》《关于做好 2020 年川渝共同实施的重大项目有关工作的通知》等文件，着力加强顶层设计，各相关兄弟城市也进一步加强联系，基础设施的协同发展取得初步成效。

（一）基础设施协同指数评价结果分析

总体而言，2018—2020 年，成渝地区双城经济圈基础设施协同取得初步成效，三年得分分别为 100、84.24、138.6（详见表 5-2），呈总体向好态势。从数据上来看，2020 年得分较 2018 年大幅增加，这主要得益于国家对成渝地区双城经济圈的战略谋划和成渝地区政府部门的高度重视与积极推进。自 2020 年以来，成渝地区加强基础设施补短板，加大对基础设施的投入，启动一大批基础设施项目，加快完善基础设施网络，其基础设施投资、高速公路网密度、铁路网密度、人均水资源量、环境空气质量等显著高于全国平均水平，为成渝地区双城经济圈的协同发展打下良好基础。

从二级指标来看，成渝地区双城经济圈在基础设施投资和新基建方面2020年得分较2018年大幅增加，受限于工程时限与自然环境等因素，交通一体化和资源环境的得分总体呈较平稳的态势。2018—2020年成渝地区基础设施协同各二级指标指数对比见图5-1。

表 5-2　2018—2020 年成渝地区双城经济圈基础设施协同及各二级指标指数

指标名称	2018 年	2019 年	2020 年
基础设施投资	23.94	14.14	42.63
交通一体化	27.06	26.56	27.09
资源环境	27.09	26.15	27.47
新基建	21.91	17.39	41.41
总指数	100.00	84.24	138.60

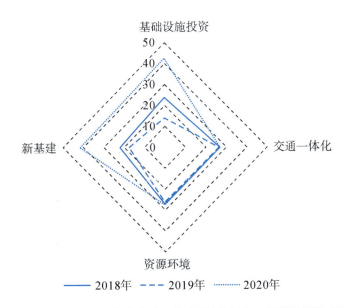

图 5-1　2018—2020 年成渝地区基础设施协同各二级指标指数对比

从三级指标来看，2020年成渝地区的基础设施投资额较往年有大幅增长，显著高于全国平均水平。高速公路网密度、铁路网密度、城市绿化水平、人均水资源量和空气质量，也高于全国平均水平。但与此同时，成渝地区双城经济圈在所有运输方式货运量与客运量及新基建方面在全国占比仍较低；未来仍须进一步加快完善交通基础设施，以推动成渝一体化综合交通运输体系的实现，同时要重视对新基建的投入，助力地区经济发展新动能转换。细究得分较好的几个方面，我们发现，尽管成渝地区整体得分显著高于全国平均水平，但分城市来看仍然存在内部发展不平衡的现象（下文将具体分析），这在一定程度上也为下一步成渝地区双城经济圈内部各城市的高质量发展和补短板指明了方向。

（二）各二级指标评价结果分析

1. 成渝地区基础设施投资评价分析

完善的基础设施是经济圈互联互通、协同发展的基础和保障。在基础设施投资指标方面，无论是基础设施投资增长率，还是基础设施投资占固定资产投资的比重，成渝地区双城经济圈作为一个整体，在2018—2020年期间均大幅领先于全国平均水平，说明了近年来成渝地区对基础设施的重视与完善。

在基础设施投资增长率方面，我们通过测算成渝地区双城经济圈与全国的均值并做比较，可以明显看出，成渝地区双城经济圈近年来不断加大对基础设施的投入，除去2019年受宏观经济大环境影响外，成渝地区基础设施投资增长率显著超过全国平均水平。分地区来看，自2018年以来，四川省基础设施投资增长率显著高于重庆市水平。其中成都更是一马当先，2018年基础设施投资增长率高达37.5%，体现了较强的引领和带动作用。

从基础设施投资占固定资产投资比重的比值来看，2018—2020年成渝地区双城经济圈的比值均高于全国平均水平，成渝地区双城经济圈这三年通过加大对基础设施的投入，重视基础设施的补短板，基础设施网络不断完善。具体见图 5-2。

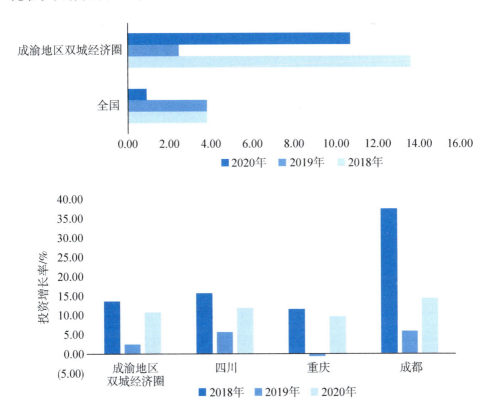

图 5-2 2018—2020 年成渝地区双城经济圈基础设施投资增长率及与全国比较

2. 交通一体化

交通基础设施建设是经济圈建设的先行领域，也是经济圈互联互通的基础和重要保障。在 2021 年中共中央、国务院印发的《国家综合立体交通网规划纲要》中，明确将成渝地区和京津冀、长三角、粤港澳大湾区并列为综合交通四极；2021 年 6 月，国家发展改革委、交通运输部印发《成渝地区双城经济圈综合交通运输发展规划》，为成渝地区交通一体化建设提供了指引。从交通一体化数据来看，成渝地区双城经济圈的路网密度（含高速公路网密度和铁路网密度）均高于全国平均水平，但货运量和客运量在全国所占的比例并不高，分别在 6% 和 9% 左右。成渝地区要担负起西南综合交通极的使命，仍需大力提升交通运输的需求水平。

从成渝地区双城经济圈内部来看，在路网密度方面，受辖区面积、经济发展程度和地理条件等综合因素的影响，无论是高速公路网密度还是铁路网密度，重庆市的路网密度都明显高于四川省的平均水平。四川省的高速公路网密度略低于全国平均水平，铁路网密度也与全国平均水平仍有较大差距。四川省也意识到了自身在基础设施特别是交通基础设施方面的短板，进入"十三五"规划时期以来不断加强交通基础设施建设。四川省"十三五"规划明确提出，要加强以进出川综合运输大通道为重点的现代化基础设施建设。2020 年四川省印发《四川省大力推动基础设施等重点领域补短板 2020 年工作方案》，明确围绕进出川大通道建设力争完成当年交通基础设施投资 1 900 亿元。这也反映在了相应的数据增长上，2018—2020年，四川省的高速公路网密度和铁路网密度都保持平稳增长态势。

从细分城市来看，在高速公路网密度方面（见图 5-3），通过衡量各城市路网密度与成渝地区双城经济圈路网密度的平均水平，可以发现，成都市的路网最为发达，遂宁市、资阳市、广安市、眉山市、自贡市、内江市路网密度位居前列，南充市、德阳市、重庆市、泸州市的路网密度也较为发达，达州市和乐山市仅略高于成渝地区双城经济圈路网密度的平均水平，而宜宾市、雅安市和绵阳市的路网密度还未达到平均水平。未来应重点关注达州市、乐山市、宜宾市、雅安市、绵阳市等地高速路网的建设和完善。而这一问题显然也得到了当地政府的高度重视。纵向来看，相较于 2018年，乐山市、宜宾市、资阳市、德阳市、成都市的高速公路网密度有了明显改善。

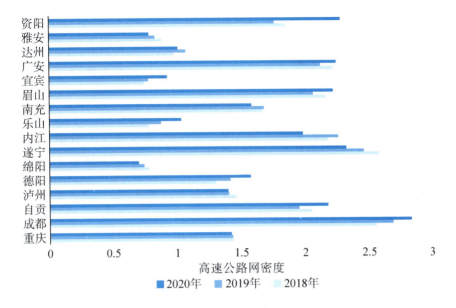

注：本图数据为原值的测算比较结果。

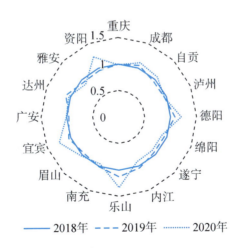

注：本图数据为对原值进行无量纲化处理后的结果。

图 5-3　2018—2020 年成渝地区双城经济圈各城市高速公路网密度情况

从铁路网密度来看，通过分别衡量成渝地区双城经济圈、重庆市和四川省与全国的平均水平，我们可以看出，成渝地区双城经济圈的平均水平显著高于全国平均水平，这一定程度上受益于重庆较为发达的铁路网体系；

从成渝地区双城经济圈内部来看，重庆市的铁路网密度显著高于全国和成渝地区双城经济圈的平均水平，而四川省的铁路网密度则显著低于全国和成渝地区双城经济圈的平均水平。同样，近年来四川省已意识到了这一短板，在"十三五""十四五"规划中都明确提出加强交通基础设施的建设，特别是铁路建设。未来，随着成渝交通一体化体系建设的不断推进和西南地区铁路交通网络的完善，四川省的铁路网密度会有明显提升。2018—2020年成渝地区双城经济圈铁路网密度比值见图5-4。

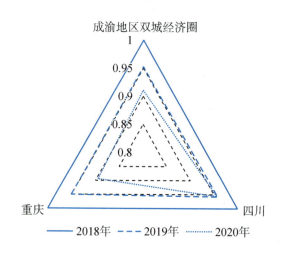

图 5-4 2018—2020 年成渝地区双城经济圈铁路网密度比值

从货运量方面来看，目前成渝地区双城经济圈的货运量在全国所占比重在6%左右，并未处于较高水平。就成渝地区双城经济圈内部来看，通过衡量子城市的货运量与成渝地区双城经济圈整体货运量的占比可以发现，重庆市的货运量占比较高，体现了较好的引领带动作用；但从发展速度来看，成都市近年来货运量占比增速明显，冲劲十足。2018—2020年成渝地区双城经济圈所有运输方式货运量占比情况见图5-5。

图 5-5　2018—2020 年成渝地区双城经济圈所有运输方式货运量占比情况

在客运量方面，成渝地区在全国所占的比重也不高，仅为 8% 左右。在成渝地区双城经济圈内部，成都市的客运量占比优势明显，且近年来呈明显上升趋势，说明成都市作为人员流动的枢纽，在西南地区的客运方面起着重要的引领作用。2018—2020 年成渝地区双城经济圈所有运输方式客运量占比情况见图 5-6。

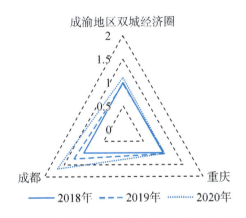

图 5-6　2018—2020 年成渝地区双城经济圈所有运输方式客运量占比情况

3. 资源环境

在资源环境方面，经我们统计测算，成渝地区双城经济圈无论是在区域绿化水平、水资源拥有量还是空气质量方面，均略高于全国平均水平。这为新阶段区域经济绿色发展打下了良好基础。

　　细分来看，在城市绿化水平方面，2018—2020 年成渝地区双城经济圈呈稳步上升趋势，城市绿化水平不断提高。在此指标上，成渝地区双城经济圈内各城市的绿化状况相对较为均衡，差距相对较小。从现状来看，2020 年，南充市、自贡市、成都市、重庆市和广安市的绿化情况高于成渝地区双城经济圈的平均水平；而资阳市和内江市的绿化情况在成渝地区双城经济圈内处于相对落后的状态，应重视绿化环境的改善。从纵向来看，达州市和眉山市的城市绿化水平 2020 年较 2018 年明显提高，资阳市、重庆市和成都市略有提高，而其他大部分兄弟城市或因新动工项目等影响，城市绿化水平 2020 年较 2018 年有不同程度的下降。未来仍要加强对绿化环境工作的重视。2018—2020 年成渝地区双城经济圈各城市绿化水平见图 5-7。

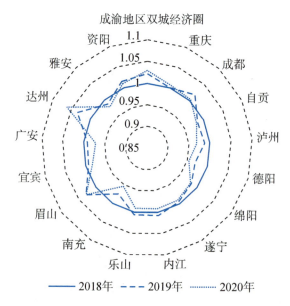

图 5-7　2018—2020 年成渝地区双城经济圈各城市绿化水平

　　在人均水资源量方面，通过比较成渝地区双城经济圈人均水资源拥有量与全国平均水平，我们发现成渝地区双城经济圈显著高于全国平均水平，说明成渝地区在水资源拥有量方面较为丰富。但通过测算子城市人均水资源拥有量在成渝地区双城经济圈所占比重，我们发现成渝地区双城经济圈内部各城市在人均水资源量方面并不均衡，差距较大且年度数据变化较大。

综合来看，雅安市人均水资源量最为丰富，遥遥领先于其他兄弟城市；乐山市和绵阳市的人均水资源量也明显高于成渝地区双城经济圈平均水平；重庆市、宜宾市、泸州市和眉山市的人均水资源量位于第三梯队，略高于或持平于全国平均水平；达州市、德阳市、资阳市和广安市的人均水资源量则相对贫乏，远低于全国平均水平；而自贡市、遂宁市、内江市、南充市和成都市则处于人均水资源量较为紧缺的状态，应重点关注水资源对这些城市日常生产和居民生活的影响情况，以便提早准备应急预案。

从纵向来看，2018—2020 年不同城市不同年份的人均水资源量占比增减状况不一，变化较大。资阳、雅安、乐山、德阳、成都、眉山等城市2020 年人均水资源量占比较 2018 年出现大幅下降；而重庆、达州、泸州、广安、自贡、遂宁、内江等城市 2020 年人均水资源量占比较 2018 年则出现了大幅增加之势。近年来极端天气频繁，且成渝地区双城经济圈的主要城市位于长江上游沿岸，地形地势复杂，应提前做好相应的应急预案，做好跨峰跨区域调节，切实保障居民的用水安全。2018—2020 年成渝地区双城经济圈各城市人均水资源量占比情况见图 5-8。

在空气质量方面，通过比较成渝地区双城经济圈空气质量状况与全国平均水平，我们发现成渝地区双城经济圈 2018—2020 年空气质量状况明显改善且高于全国平均水平。从成渝地区双城经济圈内部城市来看，根据对子城市空气质量状况与成渝地区双城经济圈平均水平的比较，我们发现雅安市、遂宁市、南充市和重庆市的空气质量状况明显高于成渝地区双城经济圈平均水平，特别是雅安市和遂宁市 2020 年环境空气质量满足优良天数比均超过 95%；值得一提的是，重庆市作为国内经济相对发达的城市，2020 年环境空气质量满足优良天数比达到 91.23%，这为国内城市经济绿色发展提供了良好示范。而成都市同年数据仅为 76.5%，远低于全国平均水平。此外，未来还应重点关注成渝地区双城经济圈内部的宜宾市、自贡市和德阳市的空气质量状况。2018—2020 年成渝地区双城经济圈各城市环境空气质量满足优良天数占比情况见图 5-9。

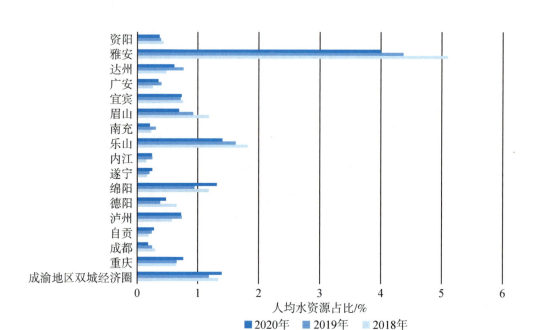

注：本图数据为原值的测算比较结果。

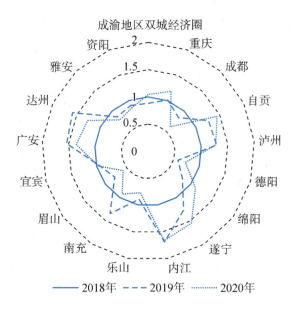

注：本图数据为对原值进行无量纲化处理后的结果。

图 5-8　2018—2020 年成渝地区双城经济圈各城市人均水资源量占比情况

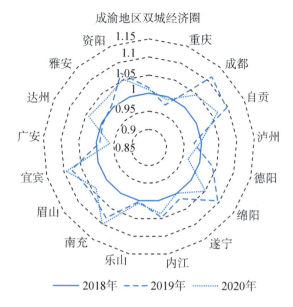

成渝地区双城经济圈

图 5-9　2018—2020 年成渝地区双城经济圈各城市环境空气
质量满足优良天数占比情况

4. 新基建

在当前我国经济转向高质量发展的背景下，新基建能够与实体经济和居民生活深度融合，对经济与社会发展的重要作用不言而喻。从总体来看，成渝地区双城经济圈 2018 年以来在新基建领域陆续发力，其中成都和重庆在此方面的建设布局较早、发展基础较好，起着重要的引领和带动作用，其他城市布局相对较晚、体量较小。

在新能源汽车公共类充电桩方面（见图 5-10），受新能源汽车推广度和接受度等因素的影响，成渝地区双城经济圈在公共类充电桩数量方面在全国占比并不高；2019 年受宏观环境的影响，充电桩增量较 2018 年有所下降。但随着近两年来新能源汽车技术成熟度不断提高，其应用推广度和接受度也与日俱增，成渝地区双城经济圈内的新能源汽车公共类充电桩也在不断完善，数量呈上升趋势。

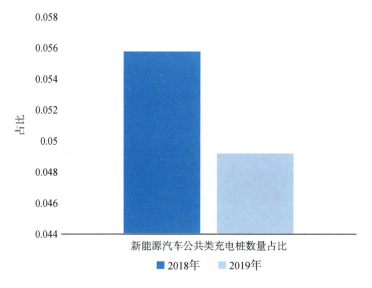

图 5-10　2018—2019 年成渝地区双城经济圈新能源汽车公共类充电桩占比情况

在 5G 基站数量方面（见图 5-11），2020 年成渝地区双城经济圈内的 5G 基站数量在全国占比达到 11%，比值并不高。这主要是由于当前在成渝地区双城经济圈内部，除去成都和重庆两大城市外，其他城市在 5G 基建方面布局较晚、数量较少、发展较缓。但成都和重庆的数量优势明显，起着重要的带动和引领作用，这也与近几年成都和重庆电子信息产业的快速发展态势密切相关。

在绿色数据中心方面，根据工信部发布的国家绿色数据中心相关名单，每年上榜的绿色数据中心较为有限（49~60 家），成渝地区双城经济圈内有上榜中心本身就可证明了一定实力。从上榜情况来看（见图 5-12），成渝地区双城经济圈内的绿色数据中心仍然以重庆和成都为主，体现了成、渝双城在此方面的引领实力。

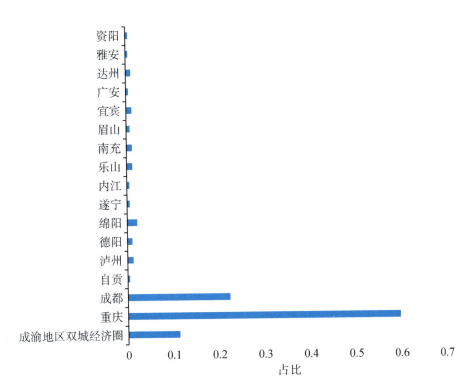

图 5-11   2020 年成渝地区双城经济圈各城市 5G 基站数量占比情况

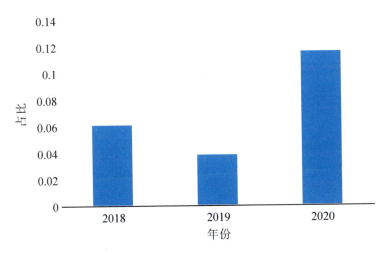

图 5-12   2018—2020 年成渝地区双城经济圈绿色数据中心数量占比情况

综上所述，我们在对成渝地区双城经济圈基础设施协同相关数据进行深度对比剖析后，有如下几点发现：

第一，2020年可谓成渝地区基础设施协同元年。在2020年，国家再次对成渝地区双城经济圈进行顶层战略规划，成渝地区高度重视、积极推进，加大对基础设施的投资力度，一大批重点项目加速推进，为成渝地区双城经济圈的协同发展打下了良好基础。

第二，成渝地区双城经济圈新基建水平不断提高，尤其是在绿色数据中心建设方面走在全国前列，其中成都和重庆发挥着重要的引领和带动作用。

第三，从交通一体化数据来看，成渝地区双城经济圈整体的路网密度（含高速公路网密度和铁路网密度）均高于全国平均水平，但内部发展较不平衡，且在货运量和客运量方面在全国所占的比例并不高。成渝地区双城经济圈要担负起西南综合交通极的使命，仍须大力提升交通运输的需求水平。

第四，从资源环境来看，2018—2020年成渝地区双城经济圈的资源环境总体呈稳中向好态势，且高于全国平均水平，为该地区的绿色发展打下了良好基础。但受经济发展、资源禀赋、地理条件等多因素的影响，成渝地区双城经济圈内部各城市发展水平不一，较不均衡。

六

成渝地区贸易金融进展评估

成渝地区双城经济圈是推动长江经济带和丝绸之路经济带战略契合的关键点。实现成渝地区双城经济圈高质量发展的重要动力是贸易驱动与金融驱动。一方面，成渝地区协同贸易可实现促进产业、人口及各类生产要素的合理流动和高效集聚，强化重庆和成都的中心城市带动作用，有利于推动成渝地区双城经济圈建设和高质量发展；另一方面，四川和重庆通过金融市场与产业之间的相互作用、彼此影响、紧密配合，有利于最终实现互利共生、和谐互促，这一过程可视为四川和重庆金融市场与产业之间的耦合协调，两者相辅相成、相互促进，最终推动两区域实现经济可持续发展，构成了成渝地区双城经济圈金融与产业可持续发展循环机制。2020年1月，在中央财经委员会第六次会议上，习近平总书记首次提出"推动成渝地区双城经济圈建设"，将其作为构建以国内大循环为主体、国内国际双循环相互促进的新发展格局的重大举措，强调成渝地区双城经济圈建设要做到统一谋划、一体部署、相互协作、共同实施。自此，加强成渝地区双城经济圈对外开放，打造新时代内陆开放战略高地，成为推进国家开放战略的重要举措。

➡ 一、指标体系的构建与测度

本书以国际贸易、金融市场融合和产业融合三项为支撑构建贸易金融指数。

在贸易方面，本书认为，成渝地区双城经济圈协同贸易包含两个含义：第一，成渝地区双城经济圈位于中国中心地带，北接陕甘、南连云贵、西通西藏、东邻湘鄂，处于东西结合、南北交汇的中间地带，经济较四周发达，具有较强辐射力和吸引力。近些年成渝地区双城经济圈所属的四川与重庆经济水平和贸易水平均保持快速增长，地区间差距不断缩小，区域贸易结构变得更加协调，为区域经济合作奠定了一定的基础。第二，成渝地区双城经济圈是一种跨地区、跨组织的活动，基于地缘、自然资源和人文历史等，成渝地区是西部地区经济发展当之无愧的主阵地，成渝地区协同贸易能够更好地发挥中心城市的带动作用，发挥资金、技术、人才和资源等比较优势，提升经贸合作空间，进一步挖掘市场潜力。若区域之间只有机械的合作却未实现区域贸易水平的提高和地区经济与社会的发展，则是一种无效的协同；而如果仅注重区域整体经济水平的增长，但内部缺乏协同合作，也是一种低效率、不均衡的增长。

结合国内外区域贸易指数构建的经验，以及成渝地区协同贸易的现实需求，本书的协同贸易指数包括两个二级指标，分别是区域贸易和国际贸易。它们既反映了各城市自身的贸易水平增长情况，也反映了城市之间的要素流通与贸易协作情况。两个二级指标围绕这一核心理念展开，力求充分反映成渝地区在增强综合贸易能力和促进贸易一体化方面的进展。在国际贸易中，本报告用四川与重庆主要进出口贸易产品和当地 GDP 之比反映对外贸易情况，时间跨度上使用的是 2018—2020 年的数据。指标体系及其数据来源如表 6-1 所示。在区域贸易中，用川、渝省内和省际贸易数据及基于此计算的边界效应数值反映在不同地区和城市之间的贸易往来情况，能够更好地反映成渝地区双城经济圈贸易协同程度。由于区域间投入产出表更新频率较低，2018 年后的数据尚未更新，区域贸易的相关情况将通过边界效应分析以专栏的方式呈现，暂未纳入指数体系。后续研究将利用更新数据将这部分内容补充到指标体系中去。

表 6-1　贸易金融指数的指标体系

二级指标	三级指标	数据来源
国际贸易	四川与重庆主要进出口贸易产品/GDP	海关
金融市场融合	四川省和重庆市的银行互设银行分支机构数量	原中国银行保险监督管理委员会官网
	四川省和重庆市的共同基金互相投资的金额	WIND 数据库
产业融合	上市公司股价同步程度	WIND 数据库

　　在金融市场融合和产业融合方面，本书在现有文献的基础上从银行业分支机构数量、共同基金相互投资金额、上市公司股价同步程度三个方面考察成渝地区双城经济圈金融市场融合效果，设立衡量成渝地区双城经济圈金融市场融合评价的三级指标。其中，银行业分支机构数量指数（图6-1）反映了成、渝两地互设分支机构的情况。共同基金相互投资金额指数（图6-2）反映了四川的基金公司投资于重庆市内上市公司的情况，及重庆的基金公司投资于四川省内上市公司的情况。上市公司股价同步程度指数（图6-3）反映了成、渝两地上市公司股价波动情况。股价波动越一致，产业协同程度越高。

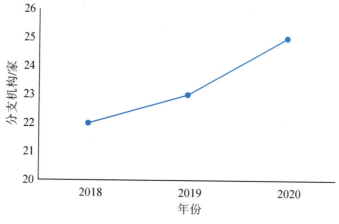

图6-1　银行分支机构数量指数

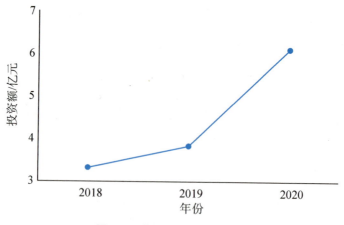

图6-2　共同基金投资额指数

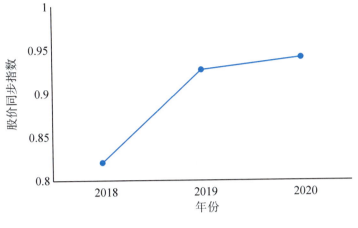

图 6-3　股价同步指数

　　综上所述，根据全面性、合理性、可操作性等标准，贸易金融指数反映成渝地区贸易和金融的发展情况，分别从国际贸易、金融市场融合和产业融合三个维度，考虑四川与重庆主要进出口贸易产品/GDP、银行分支机构数量、共同基金相互投资金额、上市公司股价同步程度四个三级指标进行综合评价。本书使用 2018—2020 年的数据，具体指标体系与数据来源见表 6-1。

➡ 二、贸易金融评价结果分析

（一）贸易金融指数评价结果分析

　　贸易金融指数平稳增长，成渝协同水平显著提高。如表 6-2 所示，2018—2020 年的贸易金融指数呈快速上涨的趋势，年均增长率为 14.66%。金融与产业融合不断深入，协同推进成渝共建西部金融与产业中心建设，区域金融与产业融合水平显著提高。从增长结构（见图 6-4）来看，贸易、金融与产业指数的 3 个二级指标均呈现出持续增长态势，其中，国际贸易与金融市场融合指数增长较快，年增长率分别为 16.73% 和 20.31%，而产业融合指数的增长率为 7.05%。

表 6-2　2018—2020 年成渝地区贸易金融指数

指标名称	2018 年	2019 年	2020 年
国际贸易	33.33	37.91	45.42
金融市场融合	32.03	35.03	46.37
产业融合	34.63	39.10	39.69
总指数	100.00	112.03	131.48

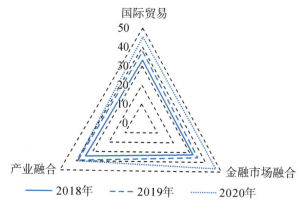

图 6-4　2018—2020 年贸易金融指数各二级指标指数对比

（二）各二级指标评价结果分析

1. 国际贸易指数评价结果分析

国际贸易得分提升和 2019 年起成渝地区提高对外开放水平有关。过去成渝地区国际贸易水平较低的主要原因有三：一是就地理位置而言，成渝地区地处内陆，相较于东部沿海地区在区位上有劣势。二是在基础设施方面，成渝地区的基础设施与东部沿海地区还存在一定差距，而增加和改善基础设施会增加企业成本。三是在营商环境方面，成渝地区的营商环境虽然在近些年已有较大改善，但相较于东部沿海地区，还存在比较大的差距，因此对外资的吸引力相对较弱，导致对外贸易规模偏小。

过去几年，成渝地区双城经济圈从加快基础设施互联互通和推动生产要素高效便捷流动两方面发力。成都和重庆两地不断积极优化中欧班列和西部陆海新通道线路布局，推进中欧班列集结中心建设，提高成渝地区全球资源配置能力；重庆市和四川省商务部门组建专门班子并起草了《川渝自由贸易试验区协同开放示范区总体方案（建议稿）》，围绕金融、科技、医疗、贸易、数字经济、开放通道和口岸建设 6 大领域布局，着力解决产业培育、行业发展、企业经营中的"痛点""堵点""难点"，提高了要素流动性和制度开放程度。

　　从结构上看，成渝地区国际贸易主要伙伴国家（地区）为美国、东盟、欧盟、中国台湾、中国香港等。对于四川省而言，美国是最重要的国际贸易伙伴。2018 年、2019 年、2020 年美国占四川省前十大出口贸易伙伴的比重在不断下降，分别为 29.2%、22.1% 和 21.6%；但美国占四川省前十大进口贸易伙伴的比重分别为 26.1%、29.2% 和 26.6%，连续三年位列第一。具体见图 6-5 和表 6-3。

图 6-5　与美国贸易占四川省进出口比重变化趋势

表6-3 2018—2021年四川省主要贸易伙伴　　　　　单位：亿元

四川省出口主要贸易伙伴									
2018年	美国	东盟	欧盟	中国香港	日本	印度	澳大利亚	韩国	俄罗斯	阿联酋
出口额	869.55	861.47	530.19	229.72	152.87	90.21	77.66	63	54.43	44.9
2019年	东盟	欧盟	美国	中国香港	日本	澳大利亚	印度	韩国	俄罗斯	巴西
出口额	1 078	764.7	761	276.4	183.4	93.3	91.9	76.7	63.7	49.3
2020年	东盟	欧盟	美国	中国香港	日本	英国	印度	韩国	澳大利亚	俄罗斯
出口额	1 163.7	925.5	900.1	408.5	237.4	123.9	108.3	103.2	97.7	88.4
2021年	东盟	美国	欧盟	中国香港	日本	印度	韩国	澳大利亚	中国台湾	以色列
出口额	1 318.989	1 162.76	1 053.685	484.21	195.88	186.68	149.27	102.53	61.88	15.21
四川省进口主要贸易伙伴									
2018年	美国	欧盟	韩国	日本	中国台湾	东盟	以色列	澳大利亚	巴西	南非
进口额	627.6	465.82	308.19	282.2	277.01	260.24	81.6	52.64	27.95	14.16
2019年	美国	欧盟	中国台湾	东盟	韩国	日本	以色列	澳大利亚	巴西	俄罗斯
进口额	754.1	553.5	376.5	264.6	244.7	201.8	100.2	41.8	26.3	19.7
2020年	美国	欧盟	中国台湾	东盟	韩国	日本	以色列	澳大利亚	巴西	俄罗斯
进口额	819.7	603.4	459.3	404.4	314.6	217.4	192.8	32.2	22.4	21.7
2021年	美国	欧盟	东盟	中国台湾	韩国	日本	以色列	澳大利亚	印度	中国香港
进口额	860.33	676.9	499.46	456.8	333.75	270.29	204.76	56.11	11.83	9.47

美国和欧盟为重庆市最重要的两大国际贸易伙伴，2018年、2019年、2020年二者合计出口占比均过半，依次为63.4%、59.2%和55.4%。虽然目前二者仍占据较大比重，但比重在逐年下降，反映了重庆出口地结构的变化。从进口来看，东盟始终为重庆市最重要的贸易伙伴，且所占比重稳中有升，2018—2020年分别为25.1%、30.9%和29.5%，彰显了东盟在成渝地区国际贸易中的战略地位。具体见图6-6和表6-4。

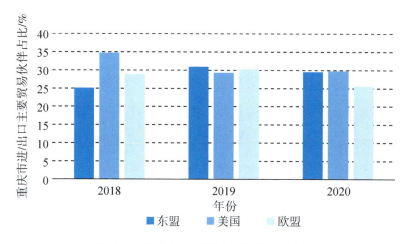

图 6-6　重庆市进/出口主要贸易伙伴占比

表 6-4　2018—2021 年重庆市主要贸易伙伴　　　　　单位：亿元

重庆市出口主要贸易伙伴									
2018 年	美国	欧盟	东盟	韩国	中国香港	印度	日本	墨西哥	澳大利亚	新加坡
出口额	997.59	824.23	329.28	176.77	142.19	103.19	94.46	75.03	65.17	64.39
2019 年	欧盟	美国	东盟	韩国	中国香港	日本	印度	英国	墨西哥	中国台湾
出口额	949.01	926.58	389.5	198.13	197.31	137.59	112.73	95.22	84.73	72.18
2020 年	美国	欧盟	中国香港	东盟	日本	韩国	印度	英国	墨西哥	中国台湾
出口额	1 029.15	885.05	430.4	364.12	163.19	144.75	131.25	111.09	98.87	94.51
2021 年	美国	欧盟	中国香港	东盟	印度	日本	韩国	越南	英国	墨西哥
出口额	1 142.77	1 045.38	729.81	471.35	202.96	149.82	141.66	133.4	121.31	118.78
重庆市进口主要贸易伙伴									
2018 年	东盟	韩国	中国台湾	欧盟	马来西亚	日本	泰国	越南	美国	澳大利亚
进口额	430.23	311.43	212.41	160.7	145.24	129.4	113.9	81.09	66.05	62.28
2019 年	东盟	韩国	中国台湾	越南	马来西亚	泰国	欧盟	日本	澳大利亚	美国
进口额	697.21	308.41	299.04	268.16	226.24	121.83	118.45	96.32	75.23	47.81
2020 年	东盟	中国台湾	越南	韩国	马来西亚	欧盟	日本	泰国	澳大利亚	美国
进口额	757.59	419.95	397.06	331.22	178.47	152.73	120.62	105.71	55.95	47.35
2021 年	东盟	中国台湾	越南	韩国	欧盟	日本	马来西亚	泰国	澳大利亚	俄罗斯
进口额	820.99	544.23	378.69	377.63	194.4	192.04	188.8	143.21	105.21	64.92

专栏6-1 区域贸易边界效应分析

根据过往学者的研究,实现区域经济一体化能够产生规模经济和促进经济增长。大多数研究结果认为,衡量边界效应对于分析区域经济一体化最为合适,然而缺少单独估计四川和重庆的边界效应的文献,因此本书采用全国各省份的省内和省际贸易流量估算全国范围内的省际边界效应,以分析成渝省际贸易的发展程度。

本书解释变量包括全国各省份的产出和省际距离。考虑到省会城市往往是一个省份的经济重心之所在,省际距离采用省会城市间直线距离来衡量。本书参考 McCallum (1995)、Helliwell (1996) 和刘生龙 (2011) 的研究成果,确定边界效应模型形式如下:

$$\text{Intrade}_{ij} = \alpha + \phi\text{domestic} + \beta_1\ln\text{GDP}_i + \beta_2\ln\text{GDP}_j + \beta_3\ln D_{ij} + \varepsilon_i$$

其中,当 $i=j$ 时,domestic $=1$;否则 domestic $=0$。$i=j$ 时引力方程反映省内贸易,domestic 前面的系数的反对数值 e^ϕ 为边界效应,表示当经济规模和贸易距离被控制后,省内贸易是省际贸易的多少倍。经过计算,全国各个省份之间的边界效应如表6-5所示。

表6-5 协同贸易指数的指标体系

年份	各省份之间的边界效应
2012 年	32.9
2017 年	34.5

用边界效应衡量区域经济时,边界效应越高说明区域经济一体化程度越低。2012年的边界效应为32.9,而2017年的边界效应为34.5,表明截至2017年底,交通基础设施改善、经济发展等因素尚未促进省际

贸易融合，这意味着成渝地区双城经济圈贸易一体化仍大有可为。这正表明了努力实现成渝地区优势互补，加强区域贸易一体化的重要性。①

2. 成渝地区金融市场融合评价分析

从银行业分支机构数量、共同基金互相投资金额、上市公司股价同步程度三个维度来看，成渝地区的金融市场融合不断完善，自 2018 年以来有了明显提高。从贡献度来讲，银行业分支机构数量贡献最大，共同基金相互投资金额仍有进一步发展空间。

（1）成渝地区银行间合作初步展开。作为信用中介的银行，是现代金融运行的枢纽和金融体系的核心。同时，传统金融行业仍在成渝地区占极大比重，因此成渝地区金融市场融合首先是从银行业合作开始的，首个金融合作协议由城市商业银行带头签署。2020 年 4 月，成都银行与重庆银行签订了《共同服务成渝地区双城经济圈建设 加强全面战略合作框架协议》，这是成、渝两地地方法人金融机构之间、银行政府之间首次签署的金融合作协议。根据合作框架协议，两家城市商业银行将联合两府，一同通过金融资源互联共享、业务优势互补创新、构建合作平台等一系列举措，共同促进成渝地区金融产业联动、金融资源交流。

2020 年 6 月，为加快推动成渝地区双城经济圈建设，协同推进成渝共建西部金融中心建设，四川省地方金融监督管理局、重庆市地方金融监督管理局签署了《共建西部金融中心 助力成渝地区双城经济圈建设合作备忘录》，明确指出将尽快探索建立成渝地区双城经济圈联合授信机制，支持成、渝两地银行机构将成渝地区双城经济圈范围内企业的授信、贷款视为

① 在报告撰写期间，区域之间贸易数据更新截至 2017 年底，我们的边界效应估算也截至 2017 年底，未来可根据更新数据估算边界效应的变化，并对成渝地区双城经济圈省际贸易一体化程度做进一步评估。

同城授信、贷款；两地将允许地方法人金融机构在成渝地区双城经济圈内跨区域展业、设立分支机构、交叉持股；探索建立成渝地区双城经济圈一体化、市场化的征信体系，推动信息资源共享。

（2）成渝地区共同基金相互投资金额增加，重庆市的基金公司投资于四川省的上市公司的金额急剧上升。金融市场的一体化离不开股权市场，因此这是一个重要的衡量维度。总部在重庆的基金公司投资于四川省的上市公司，可以有效促进两地的金融市场融合。我们根据共同基金的季度数据，计算投资于上市公司的资产组合，汇总总投资金额。图6-2显示，2018年以来总部在重庆的基金公司投资于四川省的上市公司金额急剧上升，体现了股权市场的融合程度增加。

3.成渝地区产业融合评价分析

成渝地区在产业融合方面效果显著。2020年，在重庆举行了中日企业交流会，共谋行业发展，以此推动两国企业开展务实合作。当年7月，成、渝双方共同推进9个平台一体化融合发展，高效率推进31个重大项目实施，共同打造高等院校与企业联合的广阔天地，加强两地企业深度合作。据调查，截至2019年底，全国共有218家"独角兽"企业，其中，成渝地区经历了从无到有的过程，从2015年的0家到2019年的6家，表明成渝地区在创新创业、企业培育、平台构建等方面取得了显著成效。

（1）成渝地区上下游产业的企业数量不断增加。随着国家产业布局的推进和经济区经济的发展，成渝地区形成了各自的产业特点。重庆第三产业的比重低于以第三产业迅速发展为主要特征的成都，两城市的产业有一定的分工。如从第二产业内部结构看，重庆以重型工业为主，而成都则以轻型工业为主。从产品发展上看，重庆以汽车、摩托车、能源加工、高新技术等为支柱，而成都则侧重于电子信息、医药、食品、机械等方面。成、渝两地之间保持良好功能互补，对于成渝地区双城经济圈今后的发展十分有益。

成、渝两地电子商务融合不断深化。在产业方面，虽然存在产业同构现象与结构不合理的劣势，但其互补优势尤其是工业互补优势明显，具有合作的基础。同时，重庆的产业基础比较扎实，为成都发展贸易和现代化物流业创造了得天独厚的客观条件。成都具有巨大的消费市场，为重庆工商业提供了广阔纵深的市场空间。在政策方面，重庆作为西部地区唯一的直辖市，行政管理层级少，工作效率相对较高。加强成、渝两地经济合作，既可充分利用西部大开发的政策整合优势，又可以发挥重庆的直辖优势。

（2）成渝地区股价同步性增强。价格法由 Babecky（2009）、Johansson 等（2011）提出并发展，认为在一价定律的基础上，假设没有税收等交易费用，金融协同发展水平较高的市场，同种商品的价格应该趋于一致。因此，这些学者通过分析不同地区金融资产收益率协同变化等指标来分析金融一体化的程度，认为金融商品价格波动越一致，金融协同程度越高。Aarti Rughoo（2015）在研究亚洲金融一体化相关问题时，采用了价格法，以亚洲主要经济体货币市场的联动性和债券市场的联动性反映金融市场联动性，从而测度亚洲金融协同发展水平。如图 6-3 所示，自 2018 年以来，上市公司股价同步程度指数呈现上升趋势，反映成渝地区金融市场联动性、金融协同发展水平不断提高。

七

成渝地区城乡融合进展评估

　　正确处理城乡关系，关乎国民经济健康发展与社会主义现代化建设全局。立足新发展阶段，打破城乡二元结构，加强城市与乡村的联系与协作，推行城乡融合发展战略势在必行。立足当前阶段，大力推动城乡高质量融合发展有着重要的理论意义。首先，解决城乡发展不平衡问题，扎实推进共同富裕。当前，中国绝对贫困问题得到历史性解决，已经全面建成小康社会，在全面建设社会主义现代化国家新征程中，促进全体人民共同富裕已经成为一项十分重要且紧迫的任务。在我国经济与社会发展中，城乡发展不平衡问题必须设法解决，这需要得到城乡融合的大力支持，真正通过城乡一体化建设目标明确问题解决路径。其次，促进经济持续健康发展，加快构建新发展格局。我国已进入经济发展新常态时期，这使得城乡融合发展在拉动经济增长方面的重要性进一步提升。与此同时，新发展格局要坚持以扩大内需为战略基点，加快培育完整的内需体系，形成强大的国内市场，而扩大内需，最大的空间在农村。随着城市化进程的持续推进，农村社会持续向城市社会转型，这一过程能够全方位带动消费需求和经济发展，需要正视城乡融合发展在拉动经济增长、扩大内需、转变经济发展方式等方面所发挥的重要作用。最后，建设社会主义现代化国家，践行初心和使命。结合历史发展规律可以发现，工业现代化是国家现代化的基础，但为满足建设现代化国家的需要，必须保证国家发展的整体均衡协调和共同繁荣。为全面建成社会主义现代化强国，必须高度重视城乡融合发展，解决城乡发展的不平衡问题。概而言之，城乡融合发展的现代化道路是符合中国实际的可行之路。

　　党的十八大报告提出，要形成"以工促农、以城带乡、工农互惠、城乡一体"的新型工农、城乡关系。党的十九大报告又提出实施乡村振兴战略，要求按照"产业兴旺、生态宜居、乡风文明、治理有效、生活富裕"的总目标，建立城乡融合发展的体制机制。2018 年，中央一号文件将"坚持城乡融合发展"规定为乡村振兴的基本原则之一，这表明城乡融合发展将成为我国实现乡村振兴、解决"三农"问题的重要抓手和保障。2019年4月15日出台的《中共中央　国务院关于建立健全城乡融合发展体制机制和政策体系的意见》明确指出：建立健全城乡融合发展体制机制和政策体系，需要从建立健全有利于城乡要素合理配置的体制机制、有利于城乡基本公共服务普惠共享的体制机制、有利于城乡基础设施一体化发展的体制机制入手，重塑城乡关系，促进城乡融合，推动乡村振兴战略的实施。这为从根本上解决城乡发展不平衡不协调的问题，实现高质量的城乡融合发展指明了方向。2019年12月19日，国家发展改革委等18个部门联合印发《国家城乡融合发展试验区改革方案》（以下简称《方案》）。《方案》提出，2022—2025年，试验区实现城乡生产要素双向自由流动的制度性通道基本打通，城乡有序流动的人口迁徙制度基本建立，城乡统一的建设用地市场全面形成，城乡普惠的金融服务体系基本建成，农村产权保护交易制度基本建立，农民持续增收体制机制更加完善，城乡发展差距和居民生活水平差距明显缩小。2020年4月3日，国家发展改革委关于印发《2020年新型城镇化建设和城乡融合发展重点任务》的通知指出，推进以县城为重要载体的新型城镇化建设，促进大、中、小城市和小城镇协调发展，提升城市治理水平，推进城乡融合发展。2021年中央一号文件强调县域内城乡融合发展，明确城乡融合发展空间载体。推进以人为核心的新型城镇化，促进大、中、小城市和小城镇协调发展。把县域作为城乡融合发展的重要切入点，强化统筹谋划和顶层设计，破除城乡分割的体制弊端，加快打通城乡要素平等交换、双向流动的制度性通道。2022年10月16日，党的二十大报告中又一次提到要"推动成渝地区双城经济圈建设"，"以城市群、都市圈为依托，构建大、中、小城市协调发展格局，推进以县城为重要载体的城镇化建设"。

　　城乡融合发展旨在通过共享资源、互为市场、互相服务，逐渐实现城乡经济、社会、文化、生态的全方位协调发展的极其复杂的过程。为便于理解这一复杂过程，2021年10月，《成渝地区双城经济圈建设规划纲要》

对成渝地区城乡融合做出重点安排。本书基于 2021 年出台的《纲要》,立足成渝地区自身特征,构建了城乡融合评价指标体系,进而计算出成渝地区城乡融合指数,对成渝地区的城乡融合情况进行实时和动态的观测,并对成渝地区的城乡融合工作进行整体评价和分析。

➡ 一、指标体系的构建与测度

在本书中,成渝地区双城经济圈城乡融合包括两方面的含义:第一,四川与重庆各自域内的城乡融合发展状况。两地自然地理条件、人口状况、社会经济条件等差异较大,因此城乡融合的现实情况存在差异,这既符合现实,也便于测度。第二,成渝地区双城经济圈城乡融合是超越了省级区划界限的局部地区意义上的广泛融合,在成渝地区双城经济圈规划政策的支持下,成、渝两地城乡融合的交互性必然会得到提高,但鉴于指标的可得性,对城乡融合的交互性目前尚难以进行量化评价。跨地区城乡融合的目的是使成渝地区更好地实现交互发展,基于两地城乡分布、发展现状等巨大差异,在各自区域内城乡融合发展的前提下实现区域间城乡融合协同发展具有可能性和现实性。

目前国内对新型城镇化以及乡村振兴背景下城乡融合水平测度的研究已有一定基础,对于如何选择测量指标、建立进行量化测量的指标体系和测量模型,可以借鉴和参考相近的研究。为发现城乡融合发展过程中的不足,以及研究城乡融合发展的动态情况,学者们从不同维度构建评价指标体系,运用不同方法对城乡融合发展水平进行测度与分析。从城乡融合评价的内容即评价指标体系构建上看,国内学者进行了较多的探索与尝试。如苏春江(2009)为研究河南省城乡融合实现程度,建立了包括经济发展、基础设施建设、人民生活、社会保障、社会事业发展、收入支出、支出构成、教育文化卫生环保水平 8 个一级指标及 38 个二级指标的指标体系。郑国等（2009）针对川渝苏地区，建立了包括区域发展水平、城市发展水平和城乡差异共 3 个评价内容、5 个具体指标的指标体系。焦必方等（2011）为研究长三角地区城乡融合水平的演变进程，构建了包括城乡经济融合、城乡生活融合、城乡医疗教育融合共 3 个一级指标，下设 10 个二级指标的城乡一体化评价指标体系。吴燕等（2020）根据武汉市的夜间灯光数据，基于遥感影像的灯光强度与引力模型对武汉市城乡融合的空间演进进行测度分析。窦旺胜等（2019）为对山东省的城乡融合发展水平进行研究，从城乡经济、空间、社会以及主体功能四个维度，构建了 15 个二级指标。李明秋（2010）为建立城乡融合质量评价指标体系，把城乡融合质量的内涵界定为城乡融合自身质量、城乡融合的程度和城乡融合推进的效率三个方面。王哲（2011）运用层次分析法，通过构建社会、经济、人口、生活、生态环境 5 个指标，对安徽省城乡经济融合水平进行了测度。赵德起等（2019）从城乡融合发展的前提、动力和结果三个方面探讨了中国城乡融合发展水平。张子珍（2016）为对中国城市和乡村产业融合的空间分布进行研究，构建了城乡产业融合发展的评价指标体系。从城乡融合质量评价的方法来看，主要采用主成分分析法（王家庭，2009）、熵值法（吴先华，2010）等方法来进行评价和分析。

以上学者的研究为本书提供了有益的借鉴，但也存在以下不足：第一，在他们建立的指标评价体系所选取和设计的评价指标中，城乡双侧对比指标相对过少，难以有效说明城乡融合的真实水平；第二，缺乏对跨区域的城乡融合评价体系的研究。为解决这些问题，本书进行了进一步的探索。

指标体系构建是评价城乡融合发展的前提条件，城乡融合发展是一个较为复杂的动态系统，涉及经济、收入、生态等方方面面的内容。因此，构建指标体系时要全面把握科学性、客观性和前瞻性等原则。为全面、客观、科学地评价城乡融合发展，选取指标时我们主要遵循以下原则：科学性原则、系统性原则、层次性原则、重要性与全面性兼顾原则、动态性与稳定性兼顾原则、定性指标定量化原则等。

基于国内外研究成果和以上原则，结合成渝地区双城经济圈城乡融合的现实状况，从数据可得性和可理解性角度出发，成渝地区双城经济圈城乡融合发展指数包括 5 个二级指标，分别是城乡经济融合、城乡生态融合、城乡治理融合、城乡生活融合与城乡要素融合。根据成渝地区双城经济圈规划的精神，成、渝两地不仅要持续推进自身城乡融合发展水平，更要在两地协同的前提下实现城乡融合的交互式发展，因此，城乡融合发展指数的 5 个二级指标以城乡融合为主体，以发展和民生为两翼而展开。本书以客观数据为基础，构造了较多城乡双侧对比指标，对城乡融合的内涵有较强的解释性。在时间跨度上，我们使用的是 2018—2020 年的数据。指标体系及其数据来源如表 7-1 所示。

表 7-1　城乡融合发展指数指标体系

二级指标	三级指标	数据来源
城乡经济融合	城镇化率	《四川统计年鉴》《重庆统计年鉴》
	人均 GDP	《四川统计年鉴》《重庆统计年鉴》
	第一产业增加值占 GDP 比重	四川省、重庆市国民经济和社会发展的统计公报
城乡生态融合	人均公园绿地面积	《四川统计年鉴》《重庆统计年鉴》
	建成区域绿化覆盖率	《四川统计年鉴》《重庆统计年鉴》
	生活垃圾无害化处理能力	住建部《城乡建设统计年鉴》
城乡治理融合	城乡居民人均居住支出比	《四川统计年鉴》《重庆统计年鉴》
	城乡居民人均交通通信支出比	《四川统计年鉴》《重庆统计年鉴》
	城乡居民人均教育文化娱乐支出比	《四川统计年鉴》《重庆统计年鉴》
	城乡居民人均医疗保健支出比	《四川统计年鉴》《重庆统计年鉴》
	人均城市道路面积	《四川统计年鉴》《重庆统计年鉴》
	城乡最低生活保障人数比率	《四川统计年鉴》《重庆统计年鉴》

表7-1（续）

二级指标	三级指标	数据来源
城乡生活融合	城乡居民恩格尔系数比率	《四川统计年鉴》《重庆统计年鉴》
	城乡居民人均可支配收入比率	《四川统计年鉴》《重庆统计年鉴》
	城乡居民人均消费性支出比率	《四川统计年鉴》《重庆统计年鉴》
	城乡居民人均工资性收入比率	《四川统计年鉴》《重庆统计年鉴》
	城乡居民人均经营净收入比率	《四川统计年鉴》《重庆统计年鉴》
	城乡居民人均财产净收入比率	《四川统计年鉴》《重庆统计年鉴》
城乡要素融合	第一产业固定资产投资占固定资产总投资比重	《四川统计年鉴》《重庆统计年鉴》
	农业产业平均工资和平均工资比率	《四川统计年鉴》《重庆统计年鉴》
	农业支出占财政总支出比重	《四川统计年鉴》《重庆统计年鉴》

➡ 二、城乡融合评价结果分析

（一）城乡融合指数评价结果分析

区域城乡融合指数稳健增长，城乡融合发展水平持续提高。《中华人民共和国国民经济和社会发展第十四个五年规划和2035年远景目标纲要》中提出"走中国特色社会主义乡村振兴道路，全面实施乡村振兴战略，强化以工补农、以城带乡，推动形成工农互促、城乡互补、协调发展、共同繁荣的新型工农城乡关系，加快农业农村现代化"。根据本书构建的城乡融合评价指标体系，我们测算得出2018—2020年，重庆市、四川省城乡融合指数从100分别增长到107.9、110.6（如表7-2所示）。为了使数据更加直观，我们进一步对成渝地区双城经济圈城乡融合指数做了图示处理，得到成渝地区双城经济圈城乡融合指数趋势图（如图7-1所示）。

表 7-2　2018—2020 年城乡融合及各二级指标指数

二级指标	重庆			四川			川渝（算术平均）		
	2018年	2019年	2020年	2018年	2019年	2020年	2018年	2019年	2020年
城乡经济融合	98.6	103.1	108.9	100.3	104.3	110.2	99.5	103.7	109.5
城乡生态融合	102.3	101.4	106.9	94.4	105.4	115.0	98.4	103.4	110.9
城乡治理融合	99.8	102.4	108.5	95.7	102.7	116.4	97.7	102.5	112.5
城乡生活融合	101.9	102.7	106.1	102.5	104.1	108.3	102.2	103.4	107.2
城乡要素融合	97.3	104.2	109.1	107.1	104.5	103.2	102.2	104.4	106.1
城乡融合指数	100.0	102.8	107.9	100.0	104.2	110.6	100.0	103.5	109.2

　　如图 7-1 所示，重庆市、四川省及成渝地区双城经济圈城乡融合指数在 2018—2020 年持续增长，重庆市 2019—2020 年增速（4.96%）较 2018—2019 年（2.80%）略有提高；四川省 2019—2020 年增速（6.14%）较 2018—2019 年（4.20%）略有提高；川渝 2019—2020 年增速（5.51%）较 2018—2019 年（3.50%）略有提高。与此同时，四川省城乡融合水平与增速均高于重庆市。

图 7-1　2018—2020 年城乡融合指数趋势

（二）各二级指标评价结果分析

1. 重庆市城乡融合二级指标评价分析

由表7-2、图7-1可知，重庆市城乡融合指数在2018—2020年持续增长，其中，城乡经济融合、城乡生态融合、城乡治理融合、城乡生活融合与城乡要素融合分别增长了10.38%、4.47%、8.72%、4.11%和12.04%。具体来看，2018年构成指数的五个维度按贡献值由高到低依次为：城乡生态融合、城乡生活融合、城乡治理融合、城乡经济融合、城乡要素融合；2019年构成指数的五个维度按贡献值由高到低依次为：城乡要素融合、城乡经济融合、城乡生活融合、城乡治理融合、城乡生态融合；2020年构成指数的五个维度按贡献值由高到低依次为：城乡要素融合、城乡经济融合、城乡治理融合、城乡生态融合、城乡生活融合。从图7-2中可以看出，2019年构成指数的五个维度的贡献度结构较2018年有较为明显的变化，城乡经济融合、城乡治理融合、城乡生活融合、城乡要素融合均为正向变化，而城乡生态融合为负向变化，其中城乡要素融合与城乡生态融合变化明显。城乡要素融合的正向变化，可能主要得益于政府深化城乡人才、土地、产权等要素改革，促进了要素在城乡之间的自由流动和平等交换；城乡生态融合的负向变化，可能主要是城市化较快推进造成的生活垃圾处理设施建设滞后造成的。2020年与2019年构成指数的五个维度的贡献度结构比较稳定，城乡经济融合、城乡治理融合、城乡生活融合、城乡要素融合及城乡生态融合均为正向变化。其中表现较为突出的是城乡治理融合。城乡治理融合的正向变化，可能是新型冠状病毒感染疫情带来的冲击提高了农村居民的医疗保健意识，从而导致医疗保健支出出现较大增长。总之，从整体上来看，重庆市城乡融合稳中有进，但依然存在短板，如城乡生态融合相对较慢。

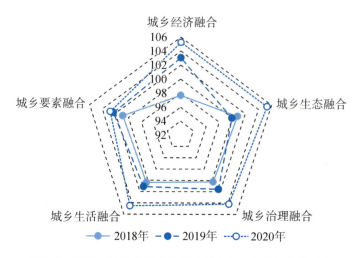

图 7-2　2018—2020 年重庆市城乡融合各二级指标指数对比

2. 四川省城乡融合二级指标评价分析

由表 7-2、图 7-1 可知，四川省城乡融合指数在 2018—2020 年持续稳定增长，其中，城乡经济融合、城乡生态融合、城乡治理融合、城乡生活融合与城乡要素融合分别增长了 9.82%、21.73%、21.71%、5.67% 和 −3.66%。具体来看，2018 年构成指数的五个维度按贡献值由高到低依次为：城乡要素融合、城乡生活融合、城乡经济融合、城乡治理融合、城乡生态融合；2019 年构成指数的五个维度按贡献值由高到低依次为：城乡生态融合、城乡要素融合、城乡经济融合、城乡生活融合、城乡治理融合；2020 年构成指数的五个维度按贡献值由高到低依次为：城乡治理融合、城乡生态融合、城乡经济融合、城乡生活融合、城乡要素融合。从图 7-3 中可以看出，2019 年与 2018 年构成指数的五个维度的贡献度结构较为稳定，城乡经济融合、城乡生态融合、城乡治理融合、城乡生活融合均为正向变化，而城乡要素融合为负向变化。其中，表现较为突出的是城乡生态融合、城乡治理融合与城乡要素融合。城乡生态融合与城乡治理融合的正向变化，可能主要得益于近年来垃圾分类政策、村容村貌整治工程的推广落地，城乡要素融合的负向变化，可能主要是农村居民工资收入水平较城市居民工资收入水平低造成的。2020 年与 2019 年构成指数的五个维度的贡献度结构持续保持稳定，城乡经济融合、城乡生态融合、城乡治理融合、城乡生活融合均为正向变化，而城乡要素融合为负向变化。其中，表现较为突出的是城乡要素融合与城乡治理融合。城乡要素融合的负向变化，可能与四川省特殊的自然地理环境有关，且农业产值、人口比重相对较高，面临一定的资源约束；城乡治理融合的正向变化，可能是因为新型冠状病毒感染疫情带来的冲击提高了农村居民的医疗保健意识，从而导致医疗保健支出的较大增长。总之，从整体上来看，城乡融合稳中有进，但需要重点关注城乡要素融合的负向变化。

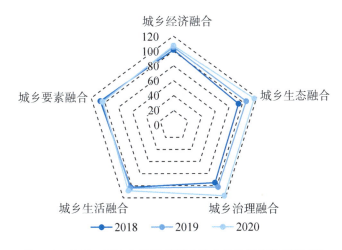

图 7-3　2018—2020 年四川省城乡融合各二级指标指数对比

3. 成渝地区双城经济圈城乡融合二级指标评价分析

由表 7-2、图 7-1 可知，成渝地区双城经济圈城乡融合指数在 2018—2020 年持续稳定增长，其中，城乡经济融合、城乡生态融合、城乡治理融合、城乡生活融合与城乡要素融合分别增长了 10.10%、12.75%、15.08%、4.89% 和 -3.82%。具体来看，2018 年构成指数的五个维度按贡献值由高到低依次为：城乡要素融合、城乡生活融合、城乡经济融合、城乡生态融合、城乡治理融合。2019 年构成指数的五个维度按贡献值由高到低依次为：城乡要素融合、城乡经济融合、城乡生态融合、城乡生活融合、城乡治理融合。2020年构成指数的五个维度按贡献值由高到低依次为：城乡治理融合、城乡生态融合、城乡经济融合、城乡生活融合、城乡要素融合。从图7-4中可以看出，2018—2020年构成指数的五个维度的贡献度结构保持稳定，即城乡经济融合、城乡生态融合、城乡治理融合、城乡生活融合均为正向变化，尤以城乡生态融合和城乡治理融合变化最为明显，这是因为重庆和四川两地的城乡融合指数成分中的城乡生态融合与城乡治理融合的正向变化均较为明显。总之，将成、渝两地作为一个整体来看，可以得到以下判断：一是两者具有明显的差异性，如地域、人口、经济总量等，这就意味着两者在城乡融合的过程中具有相当强的互补性；二是两者在城乡融合的某些方面具有一致的弱质性，如城乡要素融合质量仍有较大提升空间。

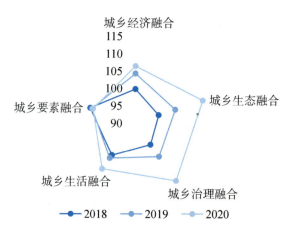

图7-4 2018—2020年成渝地区双城经济圈城乡融合各二级指标指数对比

八

对策与建议

上文通过构建成渝地区双城经济圈协同发展指数，具体分为宏观经济、协同创新、基础设施协同、贸易金融、城乡融合5个一级指标，系统评估了2018—2020年成渝地区双城经济圈的总体发展情况。从总体上看，成渝地区双城经济圈各方面均呈现出增长趋势。各指数变化情况可以综合反映该领域发展的状态与变化，据此可以发现成渝地区双城经济圈在不同领域的发展成就和存在的不足，从而为进一步推进成渝地区双城经济圈协同发展提供决策依据。根据前面几个章节对成、渝两地各指数的趋势及结构的详细分析，本书提出如下致力于推进成渝地区双城经济圈协同发展的政策建议。

➡ 一、宏观经济发展相关对策与建议

推动成渝地区经贸往来和经济合作，以大带小加快培育中小城市。首先，依托成渝地区双城经济圈的政策优势，打造内陆开放战略高地，围绕两地的优势产业，比如机床电路、新型显示、智能终端等，实施推进成渝地区经济合作项目，不断提高成渝地区双城经济圈发展的协同水平，促进两地科技、教育、医疗、文旅等领域和行业的协同发展，打造西部地区高质量发展的重要增长极。其次，考虑到重庆主城区与成都的首位度过高，强调两地的引领示范辐射作用，增强区域规模经济效益，通过合作破解发展不平衡的问题，培育壮大更多区域中心城市，例如绵阳、宜宾等，提升要素集聚能力，承接成、渝两地功能疏解和产业外溢。发挥比较优势，强化中心城区辐射带动功能，加快周边城市扩容提质。另外，成、渝两地位于西部腹地，是区域功能性板块关键位置，可发挥人力资本、市场规模等综合优势吸引产业企业，以更大力度承接东部产业转移，构建内陆开放型经济体系。

加强成渝地区数字经济合作，合力打造数字产业新高地。成渝地区数

字经济规模与长三角、珠三角、京津冀相比还有一定差距，针对成渝地区数字经济未来发展的问题，可加强两地互动，协同发展。《重庆市新型城镇化规划（2021—2035 年）》提出建设成渝工业互联网一体化发展示范区，成都实施车联网试点示范建设工程、启动"上云用数赋智"行动等为两地数字经济发展带来机遇。加大重庆产业数字化投入力度，以数字赋能传统产业转型升级，让数字化、网络化、智能化为经济与社会发展增添动力，发挥数字技术对经济发展的放大、叠加、倍增作用。加强政府、高校、企业等合作，共同探索前沿经济发展路径，共同探索政策扶持、应用牵引、企业牵头、人才托举的人工智能发展路径，加快建设具有全国影响力的数字经济科技创新中心和数字化转型赋能引领区。

加强人才培养工作，推动高等教育与经济发展互动合作。针对成渝地区高等教育发展薄弱问题，一方面将高等教育纳入规划的中心位置，提高成渝地区高校建设的质量和数量，可加强本土高校共建共享，促进高等教育集群建设，加强与全国乃至世界名校的交流合作；另一方面建设完善高等教育与成渝地区双城经济圈经济发展互动的相关机制和政策，二者相互支撑、互利互惠，例如建设开放的研究平台，深耕基础科研，做好青年人才培育工作，切实帮助社会解决科研难题，服务科技创新，为经济发展提供内在动力，对成渝地区经济和科技产生强大的辐射带动作用，而经济发展又能反哺高等教育，吸引汇聚人才。

➡ 二、协同创新相关对策与建议

加强双核之间的创新联系，延伸双核创新辐射的空间范围。针对成渝地区双核技术合作联系薄弱的问题，应在完善交通基础设施的基础上建设成都与重庆之间的科技走廊，打破行政壁垒，通过组建成渝地区高新区联盟、技术转移联盟和协同创新联盟的方式促进成都与重庆的知识交流与合作，实现双核之间创新资源的互联互通；进一步完善成渝地区内部的高铁高速路网，压缩时空距离，以区域间高速交通体系支撑各类要素的无障碍高效流动，降低科技合作的交易成本，延伸成都、重庆与其他城市科技合作的空间范围。

加快提升绵阳、德阳、乐山等重要节点城市的创新能级，构建双核带动、多级联动的创新合作网络。针对重庆创新投入和辐射能力不足、其余城市创新能级偏低的问题，未来在继续发挥成都的创新优势、强化成都与重庆的创新辐射带动作用的同时，需要加大重庆的创新投入力度，加快提升绵阳、德阳、乐山等创新节点城市的创新能级，通过节点城市反哺创新洼地，形成双核带动、多级联动的创新合作网络。优化科技创新格局，发挥企业技术创新主体作用，促进科技与经济紧密结合，完善创新链、产业链、资金链和商业模式创新，高质量建设成渝地区综合科学中心，布局建设一批科技园区，有效集聚高端创新资源，大幅提升科技创新能力，促进科技资源开放共享和创新成果转移转化，共同打造高起点、国际化、合作型的成渝地区创新协同发展格局。

围绕科技合作网络布局高技术产业合作网络，加强创新链与产业链的链接。通过高技术产业的跨城市分工合作，带动各城市的经济发展，缩小城市之间的经济发展差距，进而促进城市科技合作。依托高新区、特色产业基地等，实现重点领域技术研发与产业化协同发展，使国家高新区和创新基地成为重点领域技术研发和产业化的重要基地。针对各地经济与社会发展中的重大需求，以重点发展的战略产品和工程为抓手，分解产业链和创新链，加强基础研究投入，实现重点领域创新能力和科技活动组织实施模式的突破，形成科技合作带动产业分工、产业分工促进科技合作的良性循环发展模式。

➡ 三、基础设施协同相关对策与建议

加大补齐交通基建短板力度，助力打造西南地区综合交通极，服务构建成渝地区大、中、小城市协调发展格局。尽管作为一个整体，成渝地区双城经济圈在公路网和铁路网密度方面均高于全国平均水平，但四川省在这两方面仍存在较大短板，且成渝地区双城经济圈的货运量和客运量在全国占比仍不是很高，离国家期望的西南综合交通极仍有较大差距。从内部兄弟城市来看，未来应重点关注达州、乐山、宜宾、雅安、绵阳等地高速路网的建设和完善，提升四川省整体的铁路网密度，特别是要注意跨城市、跨地区间的交通基础设施的协同推进，打通"断头路"，为经济协同提供良好的交通基础支撑。

依托新能源产业链优势，进一步提升新基建协同发展水平，助力打造地区经济增长新引擎。近年来，成渝地区的新能源产业链渐成规模，但从新能源汽车公共类充电桩等指标来看，相应的配套设施方面仍不健全。成渝地区应充分抓住和发挥自身在新能源产业链方面的优势，在发挥成都和重庆的引领带动作用的同时，注重对眉山、宜宾等有新能源产业基础的城市的完善与布局，加强对相关新型基础设施的配套建设，打造国家的样板与示范。

重视自然灾害应急管理预案与处置，提高资源环境风险应对水平，加强区域应急力量统筹建设。成渝地区位于长江上游，地形地势复杂，自然灾害多发。近年来，全球极端恶劣天气的增加，一定程度上影响到了成渝地区的资源环境改善，进而对成渝地区的经济与社会和谐发展产生了一定影响。成渝地区的政府部门应加强对相关事件的应急管理预案与处置，做好资源的跨峰跨区域调节，为地区经济发展和居民生活安全保驾护航。

➡ 四、贸易金融相关对策与建议

持续加强成渝地区金融基础设施互联互通深化合作。海关处在国内国际双循环的"交汇枢纽",在成渝地区双城经济圈建设,促进开放型经济高质量发展中也起着重要作用。成、渝两地应充分发挥自由贸易试验区、海关特殊监管区域优势,充分释放政策红利,利用物流与贸易相互促进的发展模式,实现成渝地区双城经济圈与西部陆海新通道战略联动,为唱好"双城记"、共建经济圈提供有力支撑。比如,持续推进铁水、铁海联运发展,支持两地国际机场合作,提高成渝地区通道运输组织与物流效率;签署系列合作备忘录,简化跨区域进出口业务办理流程、监管和人、航线、口岸资源共享等方式,便利成、渝两地跨关区通关无缝对接和两地海关特殊监管区域保税货物便捷流转。

加强制度建设,切实改善营商环境。对外开放离不开一流的营商环境。成渝地区的营商环境虽然在近些年已有较大改善,但相较于东部沿海地区,仍有改善空间。《纲要》中对高标准建设市场体系、持续转变政府职能均提出了更高要求。而且从边界效应的结果可以看到,交通基础设施的改善是实现区域经济一体化必要的物质条件而非充分条件。因此,要进一步促进区域贸易发展,除了加强各地区尤其是落后地区的交通基础设施建设之外,还需要消除地方保护主义、提高人力资本、建立良好的市场环境以及建立健全各种市场经济法制规章的制度建设。地方政府为了扶持本地企业的发展,往往容易形成地方保护主义,这不利于区域贸易和国际贸易发展。地方政府应积极进行招商引资,改善当地投资环境和贸易环境,积极与外界取得联系。建议未来成、渝两地市场监管部门应以市场主体"一件事"视角进行整体设计,充分运用大数据、人工智能、区块链等新技术,推行"成渝一件事主题套餐服务",着力推动市场监管领域更多政务服务事项异地互办互发，提升成渝地区双城经济圈市场准入整体水平。

对标成功典范，根据自身情况扬长避短。和京津冀、长三角、粤港澳大湾区等经济区相比，成渝地区的对外开放规模仍有成长空间，开放程度有待进一步提升。2019 年，京津冀、长三角、粤港澳大湾区进口和出口总额分别达 25 853 亿元/7 952 亿元、46 214 亿元/66 798 亿元和 65 980 亿元/77 512 亿元，远高于成渝地区的 5 010 亿元和 7 480 亿元。成渝地区应学习京津冀、长三角、粤港澳大湾区等地区的成功经验，厘清背后原因，与成渝地区双城经济圈的现状对比，寻找差距与不足，并结合现实设法补齐成渝地区在这些方面存在的短板。

共同加强金融基础设施建设，为共享区域金融资源提供基础。首先，在投资建设金融基础设施时，须考虑两地的金融资源差异性特征，结合区域自身特性，实现金融资源的优势互补，为区域金融合作提供全面的金融资源。其次，须缩小金融业固定资产投资的差距，使两地金融业发展达到大致相同的水平，这更有利于加强金融资源的流动与优化配置。最后，在投入金融固定资产投资成本时，不应盲目扩大资金规模，更应注重投入产出效率，结合边际效应递减规律，参考和借鉴上海、深圳等金融业发达城市，选取最高产出水平下的成本投入。

搭建金融资源共享平台，为区域金融资源自由流动、加强金融资源协同创新创造更好的条件。首先，金融资源平台的搭建不仅包括线上平台的搭建，还包括线下的金融中心建设，结合科技与网络的发展，实现金融资源多层次交流与共享，如共建西部金融中心、金融信息共享系统等，为金融资源共享提供软硬件多方面的先决条件。其次，金融资源的共享不是机械性的数据共享，还需定期交流，以当地成功案例为主题，由政府部门牵头，交流政府及企业资源共享心得体会，总结资源共享过程中的创新与不足之处，不仅加强了企业、政府、企业及政府之间的联系，还为区域之间的经济合作提供了有力保障。除此之外，线上交流作为金融资源共享的另一种方式,应及时更新金融资源库,及时公布相关金融资源素材,为区域内各金融创新主体提供强大的素材支撑。最后,金融资源共享平台的管理也十分重要,金融资源数据除官方公布的部分外,须加强内部资源数据信息的管理,防止数据泄露影响金融市场秩序,避免造成不良竞争。

加强跨区域金融资源合作与监管,提高金融资源利用效率。一方面,加强跨区域合作,逐步实现成渝地区金融一体化发展,提高协同水平。参考和借鉴金融协同水平较高的京津冀、长三角、珠三角等区域的经验,可建立区域支付清算系统,统一结算方式;还可办理成渝金融 IC 卡,开发跨区域结算产品,更好地为实体企业服务。另一方面,加强政府、金融机构与监管部门之间的合作。共同建立区域信用信息平台与成渝统一客户预警风险分析平台等,如建立区域金融信息发布平台,减少信息不对称引发的各种金融风险,引导金融资源合理流动;建立成渝地区银行信贷合作平台,消除跨地区信贷资源流动的限制,这些举措能为金融资源的良性循环提供重要保障。

以高端服务推动产业协同现代化,加快推进为高新技术制造业服务的高端服务业集群建设。一是引导重点培育企业或有较高潜力的企业,由制造环节向研发设计和营销服务两端延伸,形成全产业链条。二是搭建两地多方的平台载体,如高端制造业研发设计、商贸产品知识产权保护、现代金融服务、现代商贸服务、现代物流服务、现代会展服务、产业信息服务、文旅体融合服务等高端服务平台,构建区域服务体系,促进先进制造业与现代服务业的融合发展。三是挖掘先进制造业和现代服务业融合发展的创新典型,提炼可供学习和借鉴的经验案例,作为模式推广。

➡ 五、城乡融合相关对策与建议

以推进农业现代化和新型城镇化为抓手，强化城乡经济融合。城乡经济融合发展、协同发展是提高城乡经济水平的重要发展策略。在当前阶段，城市的产业链条趋于完善，而农村的产业较为单一，因此，政府通过引导将城市中的部分企业转移至农村地区，不仅可以缓解城市压力，还能够充分提高农村地区的资源利用效率，重庆的城市产业链与四川的广大农村地区就具有较强的资源互补优势。同时，农村地区应该充分利用自身优势来发展优势特色产业，将其与城市产业相结合，形成既能够促进农村经济发展又可以弥补城市产业缺陷的全新产业链。因此，一方面要持续深化农村经营体制改革，加强农业基础设施建设，加快土地流转，实现农业生产的规模化、产业化转型；同时进一步健全农业生产保障制度，提高农业保险覆盖度，降低规模生产风险，为农业现代化建设创造条件。另一方面要培育新型农业经营主体，鼓励发展股份合作、专业合作等农民合作社，重点扶植地方特色农产品，打造生产、加工、包装、运输、销售"一条龙"的经济主体，完善配套设施建设。与此同时，进一步加强科技创新能力，加强农业科研院所与地方农业生产合作社的联系，加强四川与重庆两地农业资源的协同互补，建立和完善农业产学研一体化平台，促进科研成果转化。并基于此，将广袤的成渝农村资源盘活，打造区域性优势特色农业产业体系。

以绿色发展和低碳发展为导向，推动城乡生态融合。要想实现城乡融合发展的稳定可持续，就必须加强城乡生态建设。从数据分析的结果来看，城乡生态融合对城乡融合发展质量的影响日益重要。实践已经证明，地区经济与社会发展不充分不协调会导致城乡环境保护非均衡状态，生态环境是实现城乡融合高质量发展的关键和基本保障。在生态环境保护上，需要城市和农村两手齐抓。四川与重庆两地城乡分布具有明显差异，因此，要建立相互借鉴、对口帮扶机制，以实现城乡融合协同。首先，政府应加大生态环保财政支出的比例，进一步提升地区治理污染的能力；其次，要加强城乡绿地建设，优化城乡生态布局，合理提高区域绿地覆盖率；再次，要加强农村生态建设，严防毁林毁草，将农村人均绿地面积纳入农村建设考量范围；最后，要大力弘扬生态文明，共建共享绿色社会，依托大众传播媒介，将绿色生态文明理念渗透到国民教育中，引导居民树立生态文明主流价值观。

以基础设施和公共服务为重点，改善城乡治理融合。基础设施是经济与社会发展的重要前提，公共服务是民生质量的重要评价依据。根据数据分析，成、渝两地城乡之间在居住、教育文化娱乐、医疗保健等方面均存在较大差距。因此，改善此类设施或服务的可及性对城乡治理融合具有推进作用。四川和重庆两地在历史上、地理上以及现实中均存在千丝万缕的联系，基础设施的互联互通是城乡治理融合的重要影响因素。一方面，要进一步完善区域交通网络建设，同时加快完善城市与农村的道路建设，将农村纳入城市公共交通的运营范围，使城乡之间的来往更加便捷、密切；同时要切实提高互联网的普及程度，尤其是要完善和扩展城市与农村之间的网络联系，加快建设较为完善的城乡之间的信息网络，使得城市与农村的网络联系更为紧密。另一方面，大力支持城乡教育协调发展，推进城乡教育资源公平分配。对于农村地区适度进行政策倾斜，加大对农村教育的财政投入，推动优质教育资源向农村流动，缩小城乡教育发展差距。此外，还要加强农村医疗卫生建设，加大对农村医疗卫生的财政投入，改善农村医疗卫生机构的硬件设施以及整体环境，鼓励城乡医疗资源要素流动，采取结对帮扶的措施支持农村医疗建设。致力于解决农村"看病难""上学难"等问题，平衡城乡公共服务质量并促进城乡公共服务水平的协调发展。

以加强需求能力和保障供应能力为核心，促进城乡生活融合。本书在居民生活水平上主要测度的是收入消费水平。根据测度结果分析，成渝地区城乡收入消费水平从整体上来看处于逐渐上升的趋势，但增长速度较为缓慢，且城乡差距依然较大。因此，要进一步促进城乡收入与消费的融合。对于促进城乡收入与消费融合，从收入角度来看，一方面要加快推进城乡一体化建设，通过产业转移或劳动力转移的方式实现农村剩余劳动力的充分就业，以增加农民收入，同时推进农村产权制度改革，增加农村居民的财产性收入；另一方面要通过城市的辐射和带动，加快推动城市周边农村地区的城镇化建设，走出乡村特色发展道路，注重城市、城镇、农村之间的联结作用，运用互联网等高新技术扩宽农民增收渠道，促进农村的经济发展，完善城乡居民的收入分配制度，缩小城市与农村之间的收入消费差异。总的来讲，就是既要通过多种手段不断提升城乡居民收入，同时缩小城乡收入差距；又要积极提高物质供给水平，提升城乡居民的购买意愿。

以合理引导和政策配套为工具，促进城乡要素融合。城乡要素融合主要涉及劳动力、资本等经济要素的测度。成、渝两地当前的城乡要素融合均处于五个二级指标中最差一项，既严重拖累了城乡融合总指数，也说明现实生活中的城乡要素融合处于较低水平。基于此，政府应积极转变发展理念，四川与重庆两地政府要加强对话，建立政策协商机制，通过制定合理优惠的政策组合，积极促进城乡之间的要素流动，打造城乡共建共享的新格局。例如在推动农村剩余劳动力进城务工的同时吸纳优秀劳动力资源下乡、在吸收农村资本要素的同时推动企业资本下乡等。

以本地化和差异化为战略依据，实现高质量城乡融合发展。要注重区域异质性，制定差异化的地区发展战略和具有针对性的区域发展政策，为城乡高质量融合发展创造良好环境。城乡融合是一个系统工程，要关注整体与局部的关系。一是重视城乡融合发展的协同度。不仅要关注各自区域城乡融合指数五个维度的协同，更要重视以成渝地区双城经济圈建设为目标的城乡融合区域协同。二是调动城乡融合发展的互补性。成、渝两地在自然地理条件、经济、人口等各个方面既有联系又有差异，发掘并发挥好各自的比较优势进而形成带动作用是可能的，也是必要的。城乡融合发展是一个由政府、企业、个人等各种市场主体共同作用的发展变化过程。政府的深度参与是为了锚定城乡融合发展的主要方向，其他市场主体在此基础上各显其能，共同参与城乡融合发展建设。换句话说，"看得见的手"与"看不见的手"的有效结合是促进城乡融合发展的关键。同时应加强制度创新，对两地城乡高质量融合发展进行积极的引导，力争打破城乡二元分隔藩篱，为区域城乡高质量融合发展提供制度保障和政策支持。

综上所述，在保证成渝地区高质量发展的基础上，政府应合理有度、高质高效地发挥职能，根据各地市区域发展模式和发展水平，制定差异化、互补性的协同发展政策组合，在市场难以发挥作用的领域积极发挥政府的作用，加快促进成渝地区双城经济圈协调发展。

参考文献

［1］BABECK J，KOMAREK L. Financial Integration among New EU Member States and the Euro Area［C］. International Atlantic Economic Conference，Working Paper，2009.

［2］RUGHOO A，YOU K. Asian financial integration：global or regional? evidence from money and bond markets［J］. International Review of Financial Analysis，2016（48）：419-434.

［3］曹炜威，杨斐，官雨娴，等. 成渝经济圈城市群的经济联系网络结构［J］. 技术经济，2016，35（7）：52-57，128.

［4］窦旺胜，王成新，蒋旭，等. 基于乡村振兴视角的山东省城乡融合发展水平研究［J］. 湖南师范大学自然科学学报，2019，42（6）：1-8.

［5］范恒山. 成渝地区双城经济圈建设的价值与使命［J］. 宏观经济管理，2021（1）：12-14.

［6］方行明，许辰迪，杨继瑞. 成渝同质化竞争与化解［J］. 经济体制改革，2022（2）：73-78.

［7］蒋永穆，李想. 川渝黔经济一体化助推成渝地区双城经济圈建设研究［J］. 西部论坛，2020，30（5）：43-56.

［8］焦必方，林娣，彭婧妮. 城乡一体化评价体系的全新构建及其应用：长三角地区城乡一体化评价［J］. 复旦学报（社会科学版），2011（4）：75-83.

［9］李根. 长江经济带城市发展评价探析：基于协同发展的视角［J］. 中国集体经济，2017（26）：5-7.

［10］李后强. 成渝如何唱好高质量发展"双城记"：专访四川省社会科学院党委书记李后强［J］. 当代党员，2020（3）：45-48.

［11］李佳，赵伟，骆佳玲. 成渝地区双城经济圈人口—经济—环境系统协调发展时空演化［J］. 环境科学学报，2023，43（2）：528-540.

［12］李明秋，郎学彬. 城市化质量的内涵及其评价指标体系的构建［J］.

中国软科学，2010（12）：182-186.

[13] 李永平.旅游产业、区域经济与生态环境协调发展研究［J］.经济问题，2020（8）：122-128.

[14] 李优树，冯秀玲.成渝地区双城经济圈产业协同发展研究［J］.中国西部，2020（4）：35-45.

[15] 李玉涛.京津冀地区基础设施一体化建设研究［J］.经济研究参考，2015（2）：36-46.

[16] 刘秉镰，朱俊丰，周玉龙.中国区域经济理论演进与未来展望［J］.管理世界，2020，36（2）：182-194，226.

[17] 刘生龙，胡鞍钢.交通基础设施与中国区域经济一体化［J］.经济研究，2011，46（3）：72-82.

[18] 龙开元，孙翊，戴特奇.科技创新支撑成渝双城经济圈建设路径研究［J］.华中师范大学学报（自然科学版），2021，55（5）：791-797.

[19] 卢飞.成渝地区双城经济圈金融一体化路径探索：基于世界城市群金融一体化经验［J］.当代金融研究，2021（Z2）：99-108.

[20] 彭劲松.把握区域协调发展科学内涵　扎实推进成渝地区双城经济圈高质量建设［J］.当代党员，2020（3）：42-45.

[21] 秦鹏，刘焕.成渝地区双城经济圈协同发展的理论逻辑与路径探索：基于功能主义理论的视角［J］.重庆大学学报（社会科学版），2021，27（2）：44-54.

[22] 施小琳.为成渝共建西部金融中心贡献成都力量［J］.中国金融，2022（8）：9-12.

[23] 石龙宇，郑巧雅，廖振珍.雄安新区生态基础设施建设与城市发展协同度评价［J］.生态学报，2022，42（12）：1-10.

[24] 苏春江.河南省城乡一体化评价指标体系研究［J］.农业经济问题，2009，30（7）：96-100.

[25] 王家庭, 唐袁. 我国城市化质量测度的实证研究 [J]. 财经问题研究, 2009 (12): 127-132.

[26] 吴先华, 王志燕, 雷刚. 城乡统筹发展水平评价: 以山东省为例 [J]. 经济地理, 2010, 30 (4): 596-601.

[27] 吴燕, 李红波. 大都市城乡融合区空间演进及内在关联性测度: 基于武汉市夜间灯光数据 [J]. 地理科学进展, 2020, 39 (1): 13-23.

[28] 中共中央　国务院印发《成渝地区双城经济圈建设规划纲要》[J]. 中华人民共和国国务院公报, 2021 (31): 13-33.

[29] 徐继明. 京津冀地区交通基础设施与经济的协同发展研究 [J]. 华北金融, 2020 (11): 33-44.

[30] 严宝玉. 高质量推动成渝共建西部金融中心 [J]. 中国金融, 2022 (8): 13-15.

[31] 杨波, 李霖瑶. 成渝地区双城经济圈发展面临的主要问题及对策研究 [J]. 商业经济, 2021 (1): 20-22.

[32] 杨钒. 推动成渝地区双城经济圈加速融入新发展格局 [J]. 宏观经济管理, 2021 (5): 77-83.

[33] 张志强, 熊永兰. 成渝地区双城经济圈一体化发展的思考与建议 [J]. 中国西部, 2020 (2): 1-12.

[34] 张子珍. 中国城乡产业一体化发展水平测度及其影响 [J]. 广东财经大学学报, 2016, 31 (5): 92-103.

[35] 赵德起, 陈娜. 中国城乡融合发展水平测度研究 [J]. 经济问题探索, 2019 (12): 1-28.

[36] 赵莉琴, 刘敬严. 京津冀交通运输系统协同发展程度的 DEA 评价 [J]. 北京交通大学学报, 2016, 40 (1): 124-129.

［37］郑国，叶裕民.中国城乡关系的阶段性与统筹发展模式研究［J］.中国人民大学学报，2009，23（6）：87-92.

［38］评论员.深刻认识成渝地区双城经济圈建设重大意义［N/OL］.重庆日报，2021-10-21. https://www.12371.gov.cn/Item/589494.aspx.

［39］周成，冯学钢，唐睿.区域经济—生态环境—旅游产业耦合协调发展分析与预测：以长江经济带沿线各省市为例［J］.经济地理，2016，36（3）：186-193.

后记

2020 年 1 月 3 日，习近平总书记在中央财经委员会第六次会议上作出重大部署："要推动成渝地区双城经济圈建设，在西部形成高质量发展的重要增长极。"2021 年 10 月，中共中央、国务院印发《成渝地区双城经济圈建设规划纲要》。成渝地区双城经济圈建设是我国重要的区域战略之一。本书的写作既是对经济学理论的具体应用，也是服务于国家战略的一种努力。本书的写作得到了宜宾长江经济带研究院"成渝地区双城经济圈协同发展报告（2022）"编制项目的资助，中期评估和结题评估专家提出了宝贵的意见，课题组在此一并致谢。当然，文责自负。课题组也在此感谢西南财经大学出版社编辑认真负责的审校工作。

本书的编写主要由中国人民大学财政金融学院、经济学院、应用经济学院、国家发展与战略研究院、农业与农村发展学院师生以及宜宾长江经济带研究院研究员和西南大学宜宾研究院教师共同完成。具体写作分工如下：

第 1 章：钱宗鑫、许界天；

第 2 章：钱宗鑫、许界天；

第 3 章：涂永红、钱宗鑫、陈春浩、许界天；

第 4 章：席强敏、张杰彬；

第 5 章：宋鹭、李桂玲；

第 6 章：陆利平、石慧敏、钱宗鑫；

第7章：朱乾宇；

第8章：钱宗鑫、涂永红、陈金凤、席强敏、宋鹭、陆利平、石慧敏、朱乾宇、许界天。

成渝地区双城经济圈和京津冀经济圈、长江经济带、粤港澳大湾区都是我国具有重大战略意义的经济区域。我们希望本报告的出版能够为成渝地区双城经济圈建设提供有价值的参考。受资源和时间的限制，报告一定还有许多可以完善和改进的地方。欢迎读者为提升未来报告的编写质量提出宝贵意见。

钱宗鑫

2024 年 9 月